英語学モノグラフシリーズ 3

原口庄輔／中島平三／中村　捷／河上誓作　編

文 の 構 造

立石　浩一
小泉　政利　著

研 究 社

まえがき

　このモノグラフシリーズは，どの巻から読み始めても差し支えない．しかし，あえてどの巻から読み始めるのが最もよいかと問われるならば，それは本巻『文の構造』であると答えるのが最も適切であると思われる．その理由は，本巻がすべての文の基本となる単文を中心に扱っているからである．言語の基本単位は形態素であろうが，言語の伝達機能から見ると，命題内容を盛り込むことができる最小の基本単位は単文である．そして，すべての文は，単文を基本とし，それを一定の方法で変形したり，一方を他方に埋め込んだり，接続詞で結合することによって作り出されている．したがって，本巻で述べられている単文の基本構造に関わる分析や思考法は，すべての文構造の基礎を成していると考えられる．また，本巻の第1章では，言語分析における最も中心的な概念である構造とは何かという基本問題について論じており，第2章では統語分析のために必要な基本的思考法と最新の統語理論の基礎知識が簡潔に整理されている．これらのことから，本巻はこのシリーズの基礎を成していると考えてよいであろう．

　単文の概念の重要性は，すでに，生成文法研究の最初期段階から認識されており，生成文法の最初期の研究における最も重要な概念の1つとして核文 (kernel sentence) の概念があった．核文とは，概略，単文の中でも最も基本的な能動肯定平叙単文のことを言う．すなわち，受動文ではなく能動文であり，否定文ではなく肯定文であり，疑問文，命令文，感嘆文ではなく平叙文であるような単文である．この核文から，受動文，否定文，疑問文，命令文，感嘆文などの単文は派生的に得られると考えられていた．当時，核文という概念は，母国語話者の言語直観から見て，言語のいわば根幹を成すものとみなされていたが，その後，生成文法では核文が占める理論上の重要性はしだいに小さくなって行った．しかしながら，

最近のミニマリスト・プログラムにおける数え上げ（Numeration ＝ Lexical Array）の概念やフェーズ（phase）の概念において，この「単文」という概念が再び重要な役割を持ち始めている．数え上げとは，文を生成する際に，まず，単文を作るための要素(単語)のみを準備して文の生成に取りかかろうという考え方である．フェーズとは，概略，言語計算の適用される領域を単文とみなそうという考え方である．これらの考え方は，したがって，基本的には単文(核文)を言語の根幹を成す単位とみなした生成文法初期の考え方にきわめて近いものであるとみなすことができる．このように，単文の概念は最新の生成文法理論でも再び重要な位置を占め始めている．

　本書の構成は次のようである．第1章で構造とは何かという基本問題を論じた後，第2章で生成文法の基本的考え方と統語分析に必要な最新の基本概念を説明する．第3章と第4章では，平叙文の基本構造について，比較的単純な伝統的分析から最新の精緻な分析への進展をたどる．第5章では，疑問文の特徴と移動の制約について述べ，第6章で命令文，第7章で感嘆文を扱う．第8章では基本文を生成する句構造規則の展開を歴史的に概観し，現在の句構造の原理の問題点を指摘する．第9章はまとめである．第1章と第6–9章は立石浩一が担当し，第2–5章は小泉政利が担当して，それぞれの草稿を相互に検討することによって，全体の調和がはかられている．本巻を通して，本モノグラフシリーズを読みこなす基礎知識と今後の言語研究遂行のための知的体力が身につくものと考える．

　　2001年5月

　　　　　　　　　　　　　　　　　　　　　　　　編　　者

目　　次

まえがき　iii

第 1 章　構造の必要性と捉え方 ——————— 1
1.1　構　造　と　は　1
1.2　どんな文でも発音はできる　5
1.3　意味がわかっても文にはならない　5
1.4　意味がなくても文を発することはできる　6
1.5　構造解析の必要性　10
1.6　あらためて構造とは　17

第 2 章　統語分析の基礎 ——————— 19
2.1　生成文法の考え方　19
　2.1.1　言語使用の創造性　19
　2.1.2　言語獲得の論理的問題　21
　2.1.3　言語間変異　22
　2.1.4　原理とパラメータのアプローチ　23
　2.1.5　ミニマリスト・プログラム　24
　2.1.6　生成文法理論と英語の文の構造　25
2.2　統　語　範　疇　25
2.3　構成素構造　30
2.4　述語, 項, 付加部　34

2.5　句の構造　36
2.6　移　動　43

第3章　平叙文の基本構造　46

3.1　文の基本構造　46
 3.1.1　助動詞のある文　46
 3.1.2　助動詞のない文　49
3.2　否　定　文　53
3.3　Have と Be　55
3.4　格　59
3.5　受　動　文　62
3.6　補文の構造　64
 3.6.1　定　形　節　65
 3.6.2　For to 不定詞節　66
 3.6.3　例外的格付与構文　66
 3.6.4　繰り上げ構文　68
 3.6.5　コントロール構文　68
3.7　言語間変異　70
 3.7.1　主要部パラメータ　71
 3.7.2　主要部移動　72

第4章　平叙文のより詳しい分析　75

4.1　非対格仮説　75
 4.1.1　非能格動詞と非対格動詞　75
 4.1.2　There 構文　77
 4.1.3　結　果　構　文　78
 4.1.4　過去分詞の形容詞的用法　80

		4.1.5　幼児英語　81
	4.2　動詞句内主語仮説　81
		4.2.1　遊離数量詞　82
		4.2.2　等位構造制約　83
		4.2.3　幼児英語の否定文　85
	4.3　VPシェル　86
	4.4　分離屈折辞仮説　91
	4.5　分離動詞句仮説　93
		4.5.1　副詞の分布　95
		4.5.2　幼児英語の目的語先行文　99
	4.6　AGRのない分離動詞句構造　102

第5章　疑問文 ──────── 105
	5.1　一般疑問文　105
	5.2　特殊疑問文　109
	5.3　間接疑問文　110
	5.4　選択関係　111
	5.5　移動の制約　115
		5.5.1　下接の条件　115
		5.5.2　摘出領域条件　120
		5.5.3　最短連結条件　120
	5.6　関係詞節　122
	5.7　話題化と否定要素前置　123
	5.8　言語間変異　126

第6章　命令文の構造 ──────── 128
	6.1　2人称命令文　128

6.2　否定命令文と支えの Do　133
6.3　対比の Do　138
6.4　埋め込み命令文　141
6.5　意味的制限　142
6.6　1 人称命令文　143
6.7　条件節的擬似命令文　145

第 7 章　感嘆文の構造 ———— 146

7.1　否定倒置型感嘆文　147
7.2　肯定倒置型感嘆文　148
7.3　Wh 型感嘆文　149
7.4　感嘆文の統語的分析と COMP の特質　152
7.5　埋め込み感嘆文　153
7.6　程度表現の付加詞との共起　155
7.7　平叙文型感嘆文　157
7.8　まとめ　157

第 8 章　句構造の発想 ———— 159

8.1　句構造の伝えるもの　159
8.2　句構造の考え方の変化　162
　8.2.1　直接構成素分析　162
　8.2.2　句構造規則　163
　8.2.3　X バー理論　168
　8.2.4　最小句構造理論　172
　8.2.5　句構造と語順　173
　8.2.6　句構造の限界？　175
8.3　Kayne (1994)　176

8.3.1　Kayne 理論の技術的問題　　180
　　　8.3.2　Kayne (1994) の理論的位置づけ　　181
　　　8.3.3　重名詞句移動と右方転移　　183
　　　8.3.4　統語論と音韻論　　184
　8.4　ま　と　め　　184

第9章　おわりに: あらためて構造とは ──── 185

参　考　文　献　　193
索　　　　引　　201

第1章 構造の必要性と捉え方

1.1 構造とは

　人間の音声言語が，他のコミュニケーションの手段ともっとも異なる点として，「構造を持つ」という点があげられる．われわれは普段なにげなく言葉を話しているが，なんということのないひと言，たとえば同じ長さの日本語の文でも，「光代は幸子を裁判に訴えた」と，「今日，太郎は手を怪我して医者に行った」では，明らかに後者のほうが語数が多いことを，即座に感じ取ることができる．実際，後者のほうが「長く」感じる者も多いだろうが，それは，人間が文を無意識のうちに単語に分析するという作業を行なっているからである．英語でも同様で，

　（1）　a.　Yesterday, Eiji went to the hospital.
　　　　b.　In fact, Taro can speak English fluently.

の2文は，ともに11音節であるが，語数は後者が多く，また，話者・聴者の印象も後者のほうが長い．これらのことから，われわれは文を単なる音の連続として捉えているのではなくて，単語と呼ばれる意味上のまとまりのようなものに，無意識に分析しているのだということが言える．
　そのような分析は，単語の内部にも及ぶ．たとえば，同じ音の数である，bananaという単語と，strictという単語(ともに6音素)では，明らかにbananaのほうが長い単語であるという感じがする．これはひとえに，bananaが3音節ba-na-naに分析されるのに対し，strictは音節に分けようがない(母音が1つしかない)ということによる．これでわかるのは，

単語は単なる音素の羅列ではなく，その中に，一般に音節と呼ばれる単位を持っているということである．言語はつねに，大きな情報のまとまりを小さな単位に分析するという分節化をともなって，有機的なコミュニケーションのメディアとして機能しているのである．

しかし単なる分節化だけではなく，言語の諸単位は，単位間のつながり方の密接さに基づき，階層構造をなしているのだと言われている．以下にその例をあげていく．

まず，音声レベルでの話から始めたい．英語に限らず，多くの言語では，文字という道具を使って言語を表記するという習慣を持っている．純然たる表意文字(たとえば日本語の漢字の訓読み)の体系を除けば，文字というものは，単音(音素)・拍(モーラ)・音節のような音声の単位を区切って表記するという手法をとっている．

（２） a. 音素レベルの文字体系(英語・日本語のローマ字): English, linguistics, Good morning, etc.
b. 拍レベルの文字体系(日本語の仮名): えいご，げんごがく，おはようございます，など
c. 音節レベルの文字体系(日本語の漢字の音読み): 英語，言語学，早朝，など

つまり，文字というものがあるということは，その裏に，「言語の音声は単位として区切れるものである」という前提が存在するのである．

しかしながら，実際の言語音声はけっして，ここからここまでがこの音というように分割できるものではなく，実際には境い目のないものを，仮に境界を与えることによってコミュニケーションに使用できる形にしているのである．そしてさらに人間は，抽象的に頭の中で認識した言語音を，仮名文字・漢字の音読みに見られるように，拍あるいは音節という単位にまとめる作業をしているのである．これを「分節化」(segmentation)と呼ぶのであるが，それは，本来単なる物理的空気の振動である音の連続を，音・拍・音節という単位にまとめ上げる音韻的な構造化なのである．

音声に構造があるのと同様，意味関係にも構造がある．以下の例文を見

ていただきたい．

 （3） a. John opened the door again.
    b. John opened the door twice.

(3a) の文は，2つの意味解釈が可能である．1つの解釈は，ジョンと呼ばれる人が2度ドアを開けるという行為をした (= (3b)) ということであり，もう1つの解釈は，同じドアが2度開いたのだが，そのうち2度目はたまたまジョンが開けた(1度目は誰かが開けたのか，自然に開いたのかわからない)という読みである．これは，仮に open という動詞の意味を，以下のように考えるとわかりやすい．

 （4） open: [TO CAUSE [SOMETHING TO BECOME NOT CLOSED]]

again という副詞は，ここでは動詞の意味内容を修飾しているのであるが，上記の意味解釈の多義性は，open の意味の中に修飾関係のターゲットとして可能な，2つの述語的役割を持つ要素が存在することから起こるものと思われる．すなわち，CAUSE と BECOME である(この意味表示はあくまで導入としての便宜のためのものであって，特定の意味論的枠組みを意図したものではない)．

 （5） a. open again 1: [TO CAUSE-AGAIN [SOMETHING TO BECOME NOT CLOSED]]
    b. open again 2: [TO CAUSE [SOMETHING TO BECOME-AGAIN NOT CLOSED]]

これは，open という1つの単語を取り上げても，内部には細かな意味的特徴の連続があり，副詞のような，一見動詞という単語を修飾しているかに見える要素も，実は動詞内の細かな意味的関係をターゲットとして，どこを修飾するのかを文脈に応じて決定していることを示している(影山 1996)．音声にせよ，意味にせよ，関係概念を抽象化・配列化できるところには，構造的概念は不可欠なのである．

さて，構造化として取り上げられる言語の事象としては，上にあげた音声の分節化や，いわゆる意味的項構造のほかにも，重要なものがいくつかあり，それが本書の中心的課題となる．以下に関連の事象を羅列し，次節以降，それがなぜ必要なのかを説明していきたい．

(6) a. 形態的分節化
ローマン・アルファベットによる表記方法の言語においては，*Allyouneedismoney. ではなく，All you need is money. のように表記する．これは，言語の音列は，先に述べたような音素レベルの分節化に加えて，単語レベルの分節化（単語の抜き出し・分かち書き）も行なっていることを示している．このような二重の分節は，人間の言語を言語たらしめている重要な特徴である．

b. 語　順
単語は，単純に思いついた順序に羅列されているのではなく，言語によって一定の傾向を持って配列されていることがわかっている（Greenberg ed. 1963）．それはたとえば，世界中の言語の圧倒的多数は，SVO もしくは SOV の基本語順を持っているなどの事実に現れている．これは，単語というものもまた，1つの記号単位として操作できるものとして考えなければ，ありえない事実であり，(6a) に述べた分かち書きとともに，単語レベルでの言語の二重の分節化を示す重要な事実である．

c. 統語的階層構造
単語への分節化に加えて，われわれは単語の羅列を，句，文に分節化，構成素化することができる．たとえば，A big cat chased a small dog. という文では，大まかにいって，/(A big cat)〈chased [a small dog]〉/（括弧の対応関係がひとまとまりの句を示す）のような構成素構造に分けられるといわれている．つまり，分節化の繰り返しの結果として，言語の文は一般に句（フレーズ）と呼ばれる内部単位を持ち，階層構造を持つにいたるのである．

以下，形態的・統語的階層構造はなぜ必要なのかを示していきたい．

1.2　どんな文でも発音はできる

次の2文は，英文としてはまったく解釈不可能である．

（7）　a.　??Colorless green ideas sleep furiously.
　　　b.　*Introduce Mary did to Bill John.

（7a）では，colorless と green という2つの形容詞が表す概念がそもそも矛盾するうえに，色と ideas という抽象名詞の不適合，抽象名詞と sleep という動詞の意味的不適合，sleep という行為と furiously という副詞の意味内容の矛盾など，この文を構成する語同士がまったく意味的に合わないという理由で，解釈が不可能になっている（当然このような場合は，擬人化，比喩などの手法を使って意味解釈をすることが可能なのであるが，それはここで議論すべきことではない）．すなわち（7a）は，文を構成する語同士の意味的不適合によって，おかしな文になっているのである．

一方，（7b）の場合は，時制と主動詞の分離，語順の不必要な倒置など，英語の文としてまったく成り立たない単なる音列になってしまっている．後に1.4節でふたたび述べるように，（7a）と（7b）ではおかしさの程度が異なるのであるが，重要なポイントは，程度の違いこそあれ英語としておかしなこれらの音列を，英語の母語話者は，困難もなく発音できてしまうということである．文（あるいは言語）は，適切な音と意味のつながりであればよいという言語観があるが，上記（7）で示している事実は，発音ができるということが必ずしも英語の文であるということにならない，ということを示している．

1.3　意味がわかっても文にはならない

では，意味の側から見た場合に，文というものはどう捉えられるのだろうか．（8）の2つの非文を題材にとり，考えてみたい．

(8) a. *Bill isn't likes apple.
    b. *I do not be a student.

　これらの文は，1.2節で述べた発音という観点からは，なんの問題もない．どちらも英語の音列として，おそらくは先の(7)の場合より，流暢な発音が可能であろう．また，意味がわからないかというと，これらの文は完璧に意味解釈が可能である．(8a)は，「ビルはりんごが好きではない」という意味であるし，(8b)も同じく，「私は学生ではない/学生にはならない」としか解釈できない．つまり，発音と意味のつながりという点においては，(8)の例文はなんの問題もないのである．

　このことは何を示しているのであろうか．先に，発音できるかどうかは英文を英文たらしめている十分条件ではないことを述べたが，意味を解釈できることも，英文の構成条件として十分でないということである．発音と意味のつながりという面だけから，文あるいは言語を捉えることには，おのずと限界があり，(8)で示された文法の間違いは，発音・意味といった表面的に現れるレベルより奥深くにある，抽象的な存在であるということが示されるのである．

1.4　意味がなくても文を発することはできる

　先に取り上げた，

(9)　??Colorless green ideas sleep furiously. （=(7a)）

という文は，意味的にはおかしな文ではあるが，英語の文としては問題がない，といってもさしつかえない．構文的には，これは通常の自動詞構文に副詞と主語を修飾する形容詞がついただけのものであり，文法的には間違いがないからである．また，想像上の世界において，この文の意味内容が適正に解釈される場合も当然ありうる．つまり，(10)のようにいうことができる．

(10)　適正な解釈がどのような形にせよ可能な限り，文を意味的な理由から排除することはできない．

実際，(9)のような文を産出できないような文法があるとするならば，その文法を使っている言語文化からは，とうてい『不思議の国のアリス』のような，言葉遊びをふんだんに使った文学は出てこないであろうし，われわれが日常生活の中で普通に使っているメタファーの類（「時は金なり」のようなもの）も，可能ではなくなるであろう．つまり，以下のようなことがいえるのである．

(11) 意味があるということと文が適正であるということは，まったく別個の事象であり，意味が正しくないからといって文が駄目だということもなければ，文法的に正しくないからといって意味解釈ができないということもない．

このような意味と文法の独立性は，さまざまな局面で有用である．以下にいくつかの事例をあげる．

まず，ひと昔前までの初等レベルの英語教科書などによく見られた，下のような図表がある．

(12)

John		likes	an	apple.
			φ	apples.
	doesn't	like		
John and Mary	don't			

これは，いわゆるパターン・プラクティス（pattern practice）とでも呼ぶべき英文反復練習によく使われていたものであるが，この種の図表を見るとたちどころに，「ああ，これはそれぞれ，John likes an apple, John likes apples, John doesn't like apples, John and Mary don't like apples という文があることを表現しているのだな」と理解できる．この種の図表を使った構文教育が，唯一無二のものであると肯定するものではけっしてない．しかしながら，この種の置き換え可能なパラダイムが作成できることは，まさに言語の文法に意味・発音という要素を捨象した，パズル的部分があることを示唆しているのである．

同じようなことが，いわゆる五文型についても言える．周知のように，

五文型も英語教育の現場においては頻繁に使われているが，その基本的精神は構文パターンの学習支援である．

(13) a. SV:　　John runs.
　　　　　　　　Mary died.
　　　　　　　　The Giants belong to the Central League.
　　　b. SVC:　 John is a student.
　　　　　　　　Mary became angry.
　　　c. SVO:　 John drives a car.
　　　　　　　　Students hate tests.
　　　　　　　　John gives a towel to Bill.
　　　d. SVOO: John gives Bill a towel.
　　　e. SVOC: John makes Bill angry.

もちろん，すべての文型を五文型に押し込んでしまうことにともなう，必然的な無理は存在する．たとえば，どう考えても run と belong が同じ文型を構成する動詞であるとは思えないこと，形容詞はすべて SVC 構文を構成することになってしまうこと(たとえば，John is happy. / John is proud of his son. では，要求されている意味関係が明らかに異なるのに，同じ文型とせざるをえない)などが，まず思い浮かぶ．しかし，その是非はともあれ，この文型のパターン化が可能になるということは，文中の諸要素をひとまとまりの単位に分けて，それに基づいて構文を語ることが可能であることを示している．たとえば受身文の形成などは，五文型のひな型を使って，以下のように表現することも可能になる．

(14)　SVO → O is V-ed by S

これを突き詰めていくと，以下のような文も可能な文となる．

(15)　A bhrrastre mitestewed the swetest bungladsets.

これは，完全に意味のない単語を羅列している文であるが，それでもわれわれはこれを，英語の文として認識できる．理由は，以下のような類推が可能だからである．

(16) a. bhrrastre は，A と -ed の間にあるから，名詞の単数形で主語であろう．
    b. mitestewed は，いま名詞と推測した bhrrastre と the の間にあり，しかも -ed で終わっているので，主動詞であろう．
    c. swetest は，-est で終わっていて，the の後なので，形容詞の最上級であろう．
    d. bungladsets は，-s で終わっていて，形容詞の後にきているので，名詞の複数形であろう．

したがってこの文は，(17) のように解釈できる完全な英文として成り立ってしまうのである．

(17) 1つの bhrrastre が，もっとも swet な複数の bungladset を，mitestew した．

この文の構造を簡単な樹状図（tree diagram）で表すと，以下のようになる．

(18)

A bhrrastre mitestewed the swetest bungladsets.

まったく意味のわからない文を解釈し，構造解析まで与えてしまう能力は，文というものの構造が，そもそも意味や発音から離れたところに存在していることを示しており，また，この種の能力なしには，ルイス・キャロルの物語などに登場するさまざまな言葉の遊びが，読者によって堪能されることはなかったのである．

慣用化された挨拶表現なども，言語の抽象的な構造化の一例となる．

(19) What's up?
    How are you?
    How do you do?

これらの表現は，現代英語においては，もともとの文字どおりの意味の疑問文だとは解釈されえない．

(20) How are you?
— ??Well, I am good at playing tennis.

しかし，われわれは，How are you? のようなものが Wh 疑問文の一種であることを知っている．したがって，以下のような主語の置き換えが可能になる．

(21) How are you?
— How am I? Well, fine, thank you.
(22) How is John these days?
— He is doing fine.

つまり，慣用表現で，もとの意味が失われてしまったようなものについても，われわれは抽象的な内部構造(たとえば主語対述語)の解析を行なっているのであり，その意味で，文の構造というものは，発音可能性や意味解釈の有無といった要素からは，切り離された形で存在していなくてはいけないのである．

1.5　構造解析の必要性

統語構造が，言語表現の伝える意味内容を決定づける場合がある．いわゆる構造的多義性の存在がそれにあたる．構造的多義性とは，たとえば次の文に見られる．

(23) Flying planes can be dangerous. 　　　(Chomsky 1964)

この文には，(24)にある同じ音形の語が使用されているにもかかわらず，「飛んでいる飛行機は危険かもしれない」と，「飛行機を飛ばすのは危険かもしれない」の2つの解釈が可能である．

(24) flying, planes, can, be, dangerous

つまり，もし，文というものが意味を持った単語の羅列であるということだけであるならば，これらの意味の多義性は，単なる偶然であるということになってしまうのである．

したがって，ここでは，意味とは異なる文法構造に関わる情報が，多義性を引き起こしていると考えざるをえない．具体的には，「飛んでいる飛行機」のときは，planes は flying という形容詞に修飾された名詞である（したがって，red apples, round shapes, intelligent men などと同じように「（名詞）が（形容詞）である」という意味的関係を持つ）のに対し，「飛行機を飛ばすこと」のときは，planes は fly という他動詞の目的語として機能しているということである．これを図で示すと，それぞれ，次のようになる．

(25)

```
            主語名詞句
           /        \
       形容詞        名詞         can be dangerous
         |            |
       Flying       planes
```

(26)

```
            動名詞句
           /        \
         動詞        名詞        can be dangerous
          |           |
        Flying      planes
```

このように (23) の多義性は，ある言語表現に可能な意味の選択は，品詞同士の結合パターンという，構造的要素によって決定されていることを示しているのである．

次の構文では，同じ述語を使いながら，主語として用いられている名詞が異なっている (Fillmore (1968) など参照)．((*...) は，括弧内の形

式があると許容されない文であることを示す.)

(27) a. John opened the door with the key.
b. The key opened the door (*by John).
c. The door opened (with the key) (*by John).

(28) a. John started a new project.
b. Our project started yesterday (*by John).

(27)の文はそれぞれ，以下のような構造を持つと考えられる.

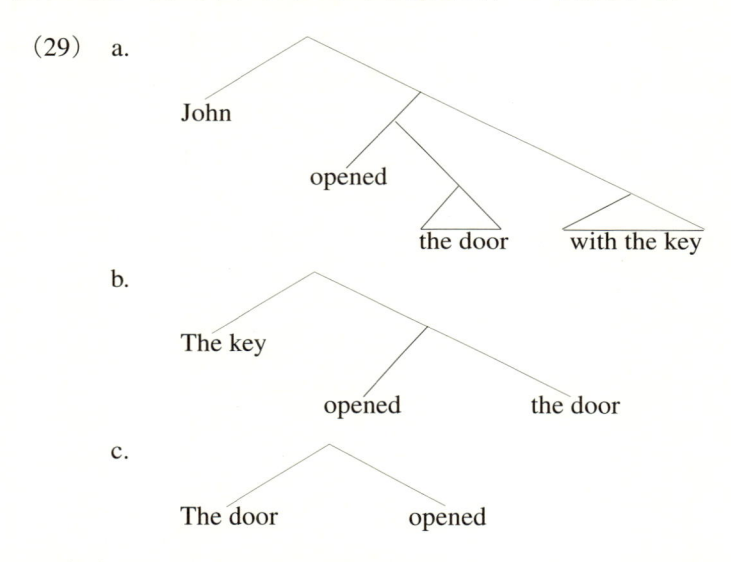

(29) a.

```
        John
              opened
                  the door    with the key
```

b.

```
        The key
              opened    the door
```

c.

```
        The door    opened
```

仮に(27)の文が，もし単に情報を伝える順序をランダムに入れ替えているだけで，(29)に示すような構造がないとすると，以下のような不都合が生じるものと考えられる.

まず，もし本当にランダムであるとするならば，これらの構文で，なぜ動詞は必ず2番目の位置にあるのか，という問題がある(間に副詞や助動詞が挿入された場合は別だが).

(30) a. *John the door opened with the key.
b. *John the door with the key opened.

c. *The key the door opened.

また，主語や目的語の名詞同士の順序の並べ替えも，なぜ許されないのか説明できない．

(31) a. *The door opened John with the key.
b. *The door opened with the key John.
c. *The door opened the key.

これらのことから，主語・目的語といった位置づけは，少なくとも英語という言語においては，なんらかの決まり事にしたがってなされていることがわかり，主語や語順の決定などは，けっして情報のランダムな順序づけではないことになる．

　ここで，この決まり事は単語の順番を決めているだけなのだから，これは必ずしも，先ほどから記述しているような階層構造の存在を示唆するものではない，という議論が可能になるかもしれない．しかしながら，以下のような事実から，この決まり事が単なる単語の順序の決定ではないことがわかる．

　まず，先ほどの John opened the door with the key. のような文における，副詞の位置を考えてみよう．動詞によって表される動作を表現する slowly のような様態副詞も，文全体の情報を補足する fortunately のような文副詞も，文中で現れることのできる位置は厳しく制限されており，その制限が破られることはない．

(32) a. Slowly / Fortunately, John opened the door with the key.
b. John slowly / fortunately opened the door with the key.
c. *John opened slowly / fortunately the door with the key.
d. *John opened the slowly / fortunately door with the key.
e. (i) John opened the door slowly with the key.
　　(ii) ??John opened the door fortunately with the key.
f. John opened the door with the key slowly / fortunately.

この制限は，文中の何番目の位置，という順序づけで規定することはで

きない．というのも，修飾要素は，これらの副詞以外にも文中に現れることができ，絶対的な順序は固定していないからである．

(33) a. *Yesterday*, slowly / fortunately, John opened the door with the key.
b. John *could* slowly / fortunately open the door with the key.
c. John opened the door *very* slowly with the key.
d. John opened the door with the key *he happened to have* slowly / fortunately.

それでは，特定の品詞の前後という考え方ではどうであろうか．観察される副詞の分布環境は，以下のようなものになっている．

(34) a. 名詞の前　　b. 副詞の後　　c. 助動詞の後
d. 動詞の前　　e. 名詞の後　　f. 前置詞の前
g. 動詞の後

この分布環境は，あまりにまとまりがないうえに，もし(34a)が副詞の出現可能な位置であるとするならば，なぜ(32c)は許されないのかなど，問題点も含んでいる．すなわち，絶対的にせよ相対的にせよ，順序関係の概念で副詞の現れる位置を規定することは，できないのである．(29a)の樹状図における，opened the door という単位(2章以降は VP という名前で呼ぶ)の内部に，副詞は入れないのである．

また，代名詞による語句の置き換えも，構造の関与の証拠になりうる．以下の一連の文を見ていただきたい．

(35) a. John opened the doors with keys.
b. He opened them with them.
(36) a. The doors opened.
b. They opened.
(37) a. The keys opened the doors.
b. They opened them.

上の(35)–(37)の各(b)文では，(a)の文の名詞的意味を持つひとまと

まりの語句が，それに対応する代名詞に置き換えられている．ここでは，2つのポイントが重要なものとしてあげられる．1つは，名詞的な意味を持つ一連の単語は，代名詞に置き換え可能であるということである．たとえば (35) において，(a) 文の主語名詞と動詞を一度に置き換えて，(38b) のように1つの代用表現にすることは許されない．

(38) a. John opened the doors with keys.
　　 b. *HE'D the doors with keys.

また，たとえば，the doors の doors だけを代名詞で置き換えることも不可能である（ones による置き換えは可能だが，ここでは代名詞 them による置き換えのみを問題とする）．

(39) *John opened the them with keys.

つまり代名詞は，「名詞的なもの」をランダムに代用しているのではなく，特定の名詞的な語列内の単位を取り上げて代用しているのである．

　2つ目のポイントとして，代名詞が単に代用の機能のみを持っているのなら，その音形は they なら they 1つですむはずである．しかしながら，たとえば they には，they, them, their という少なくとも3つの形式があり，それぞれは特定の位置にしか現れない．したがって，文中の語列内部に階層構造があると考える必然性が出てくるのである．たとえば，主語の位置は，以下のように規定可能である（正確な規定は次章以降に行なう）．

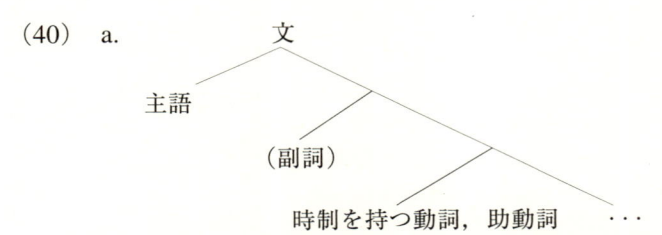

(40) a.
```
              文
         ／＼
       主語    ＼
            ／＼
        （副詞）  ＼
              ／＼
        時制を持つ動詞，助動詞   …
```
　　 b. 主語とは，文中にあって，（時制を持つ）動詞あるいは助動詞の上位にあり，なおかつ，それにもっとも近い名詞（句）

である．主語の位置にあるとき，代名詞は原則として主格（they）の形をとる．

ここで，名詞(句)としたのは，名詞的要素は they や John のように 1 語とは限らず，a man のようなものや，a teacher who all students admire のような長いものも含むからである．文とは，単なる語の線条的羅列ではなく，階層構造を持つものなのである．

このような，階層構造による主語の位置の規定は，以下のような事実によっても支持される．日本語では，会話の流れから明白であるような場合には，名詞句は省略が可能である．

(41) A: φどこへ行ってきたの．
    B: φ大阪へ行ってきた．

上の会話では，A は B に対して話し，B は自分のことについて話しているのが明確であるので，主語に相当する φ の部分(「きみは」「わたしは」)は省略されている．しかしながら，英語ではこのような省略は許されない．

(42) A: Where did *you* go? / *Where (did) φ go?
    B: *I* went to Osaka. / ?? φ Went to Osaka.

B の発話については，文脈によっては省略が許容される場合もあるが，基本的に省略への制限は非常に厳しいものがある．

さらに，英語という言語は，まったく意味のないところにも主語の存在を強制する．

(43)   a. It rains.
     b. It is obvious that the earth is round.
     c. There is a book on the desk.
     d. It was Mary who Bill married.

これらの文の主語の it, there を「虚辞」(expletives)と呼ぶが，これらの主語は，文の意味解釈には何ひとつとして貢献していない．(43a)の

「雨が降る」という意味内容は，rains という動詞にすべて表されていること，(43b) の「地球が丸いのは明らかだ」という内容にも，it は関わっていないこと，などからも明らかである．しかしながら，これらの主語なしに文を構築することはできないのである．

(44)　a.　*Rains.
　　　b.　*Is obvious that the earth is round.
　　　c.　*Is a book on the desk. ((43c)の意味では許容不可能)
　　　d.　*Was Mary who Bill married.

意味の有無にかかわらず，つねに主語を必要とすることは，もし言葉が意味・情報を伝えるためのランダムな語の羅列であるとするならば，ありえないことである．すなわち，以下の一般化が可能になる．

(45)　上の (40b) によって規定された主語の位置は，少なくとも英語の文には必要不可欠なものである．

虚辞に，it のみならず there という別タイプがあること，英語でも命令文などでは主語がないことなど，問題点はあるが，主語という概念は構造的にしか規定できないものなので，上の一般化は，言語の文の規定に構造的要素が必要であることを，如実に示しているものと思われる．

1.6　あらためて構造とは

ここまで，音声的な分節化から始めて，言語というものは何重もの階層構造を持っていることを示し，また，文の構造の必要性について以下のような事実を取り上げ，階層構造的分析が必要であることを論じた．

(i)　意味がわかるということと文が正しいということは別であるので，意味とは切り離した形で，文の内部を観察・記述する必要がある．
(ii)　逆に，意味のない文でも完全に英文として機能できるということは，意味から独立した文構造の存在を示唆する．
(iii)　基本文型，パターン・プラクティスなどにおけるパラダイム化

は，文中の要素を細部に分節化できることを示しており，文の内部構造の抽象化の産物である．
(iv) したがって，同じ音形の語を使用した多義文の存在は，文構造の観点なしには理解できない．
(v) さらに，同じ出来事を複数の構文で表現できるという事実も，情報内容と文との分離を示している．
(vi) 虚辞の存在は，「主語」と呼ばれる統語上の位置が，意味から切り離された形で存在していることを示している．

言語の文は，基本的に意味的・音韻的構造の表出手段としてあるのだが，それにはそれ自体の内部構造があり，そのうち統語的構造が，正しい文とそうでない文の区別を規定しているのである．次章以降は，まず文の内部構造に関する考え方の中でもっとも広く支持されている，Chomsky らによる生成文法理論の基本的考え方を導入したうえで，具体的な構文の内部構造を詳細に見ていくこととする．

第2章 統語分析の基礎

　この章では，本書で分析の枠組みとして採用されている，生成文法 (Generative Grammar) 理論の基本的な考え方と，実際に統語分析を行なうさいに必要になる，基礎知識の説明を行なう．

2.1 生成文法の考え方
　人間には，視覚をつかさどる能力や推論を行なう能力など，さまざまな認知能力が生得的に備わっている．言語をつかさどる能力もその1つである．生成文法は，この「人間に生得的に備わった言語をつかさどる能力」を解明することを目標にしている．言い換えれば，「人間はなぜコトバが話せるのか」という問いに答えることが，生成文法の目標である．

2.1.1 言語使用の創造性
　われわれは，初めて聞いた文を理解したり，一度も出会ったことのない文を話したりすることができる．しかも，われわれ一人一人が理解したり産出したりできる文の種類は，原理的には無限である．これを，言語使用の創造性 (creativity) という．脳に収納できる情報量は有限なので，われわれが無限に多くの文を記憶しているとは考えられない．このことから，われわれの脳には無限の文を生み出すことのできる，有限の仕組みが備わっていると考えられる．この仕組みは，言語知識，文法 (grammar)，心的文法 (mental grammar)，I言語 (I-language)，言語 (language) など，さまざまな名前で呼ばれている．われわれは，この仕組みのおかげで，さまざまな言語表現を理解したり産出したりできるのである．これを

図式的に表すと (1) のようになる.

(1) 　I 言語 → 言語表現

　I 言語の I は，英語の individual (個人的な)，internal (内的な)，intensional (内包的な)という意味を表している．すなわち，I 言語は，人間一人一人の内部(脳内)にある内包的に定義された言語，つまり個々人の脳内の文法と語彙の知識の体系である．われわれは，自分の脳内にある I 言語の中身を自覚することができない．このような，意識にのぼらせることのできない知識を，一般に潜在知識という．

　ここで，「内包的に定義された」の意味を簡単に説明しよう．集合を定義する方法には，その集合に含まれるすべての要素を列挙する方法と，その集合に含まれるための条件を提示する方法とがある．前者を外延的な (extensional) 定義，後者を内包的な (intensional) 定義という．たとえば，「1 桁の偶数の集合」を定義する場合に，$\{2, 4, 6, 8\}$ のように，1 桁の偶数を 1 つ 1 つすべて列挙するのが外延的な定義であり，$\{2$ で割り切れ，かつ 10 未満の数$\}$ のように，「1 桁の偶数」であるための条件を示すのが内包的な定義である．前述したように，われわれの脳内の言語知識(= I 言語)は，原理的に無限に多くの言語表現を生み出すことのできる，有限の仕組みであると考えられる．したがって，I 言語は，たとえば日本語なら日本語として可能な言語表現をすべて記憶するというような，外延的に定義されたものではありえず，可能な言語表現であるための条件を規定した，内包的なものでなければならない．I 言語の I にはこのような意味も込められているのである．

　I 言語に対して，実際に用いられる言語表現の集まりのことを，E 言語と呼ぶことがある．E 言語の E は，external (外部の)，extensional (外延的な)の意味である．

　以上の考察から，「人間はなぜコトバが話せるのか」という問いに対する答えの第一歩は，「個々人の脳内に I 言語が内蔵されているからだ」ということになる．それでは，I 言語はいつ，どのようにして，われわれ一人一人の脳内に形成されるのだろうか．

2.1.2 言語獲得の論理的問題

幼児が言語を獲得する過程で与えられる情報（第一次言語資料（primary linguistic data: PLD），入力，データ，言語経験などと，さまざまな呼び名がある）は，量的にも質的にも十分でなく，かつ大きな個人差がある．このことを「刺激の貧困」（poverty of stimulus）という．これに対して，獲得される文法（出力）は，内容が豊かで，同一方言内ではほぼ均質である．このように，貧困な言語経験に基づいて，豊かで均質な文法を獲得するという，一見不可能に思えることが可能なのはなぜかという問題を，「言語獲得の論理的問題」（logical problem of language acquisition），または言語獲得における「プラトンの問題」（Plato's problem）という．

言語獲得におけるプラトンの問題は，人間の脳には，言語を獲得し使用するための，遺伝的に決定された仕組みが備わっていることを示唆している．この「仕組み」のことを，言語機能（language faculty / faculty of language）または言語獲得機構（language acquisition device: LAD）という．言語機能は，生物学的に人類という種に備わっているものなので，病理学的な障害などの特別な場合を除き，誰もがほぼ同じものを持って生まれてくると考えられる．このことを，言語機能は普遍的（universal）であるとか，種均一的（species-uniform）であるという．生得的（innate）な言語機能と，生後に接する環境との相互作用の結果，脳内にI言語が形成される．

（2） 第一次言語資料 → 言語機能 → I 言語 → 言語表現

生成文法は，言語機能の解明を目標にしており，そのために(2)の諸要素の性質やその相互関係を研究している．生成文法の生みの親であるアメリカの言語学者 Noam Chomsky は，生成文法の研究課題を便宜上，次のようにまとめている．

（3） 生成文法の研究課題
  a. 言語知識の内容: 英語とか，スペイン語とか，日本語とかの言語を話す人間の心・脳の中には，何があるのか．

　　　　b. 言語知識の獲得: 言語知識はいつ，どのようにして，心・脳の中に形成されるのか．
　　　　c. 言語知識の使用: 言語知識はどのようにして，発話（あるいは書記などの二次的なシステム）において使用されるのか．

　言語学者の多くは，これらの研究課題に対して心理学的なレベルで取り組み，抽象的な性質を調べている．その成果に基づいて，これらの課題に対する生物学的レベルでの研究や，脳科学的・神経生理学的なレベルでの研究も行なわれている．すなわち，心理学的レベルの研究で明らかになった性質を持つシステムが，人類の脳内にいつどのようにして生じ，物理的にどのように実現されているのか，また遺伝子レベルではどのようになっているのか，などを解明しようという試みである．Chomskyは，それらも生成文法の研究課題に含まれるとしている．

（4）　生成文法の研究課題（つづき）
　　　　d. 言語の進化: 言語をつかさどる脳・心の諸特性は，人類という種においてどのように進化してきたのか．
　　　　e. 言語の物質的基盤: 言語の諸特性は，脳内でどのように具現化しているのか．

2.1.3　言語間変異

　すべての人間に共通の生得的な言語機能が存在し，それが言語獲得を可能にしているとすれば，ある意味で世界中のすべての言語が，基本的に同じ性質を持っていることが予測される．実際，これまでの研究の結果，人間の言語（= 自然言語（natural language））は，抽象的なレベルでは互いに驚くほどよく似ており，言語間に存在する変異も一定の範囲内におさまっているらしいことが，しだいに明らかになってきた．しかし一方で，少なくとも表面的には言語間に違いが存在することも，まぎれもない事実である．このことは，言語の性質のすべてが遺伝的に決定されているわけではなく，生得的に決まっている普遍的な部分と，それと環境との相互作

用によって決まる可変部分がある，ということを意味している．また，言語同士が互いにいくらでも異なりうるのではなく，その範囲や程度に一定の限度が存在するということは，言語機能の可変部分についても，なんらかの生物学的な制約が存在することを示唆している．

言語経験を与えられる前の言語機能の初期状態を，S_0 と呼ぶことにしよう．S_0 の状態にある言語機能に，一定の言語経験が入力として与えられると，その状態が変化して，別の状態 S_1 になる．その後も，入力が与えられるにしたがって，言語機能の状態が $S_2, S_3, \ldots$ と変化していき，やがて，新たに入力が与えられてもほとんど状態が変化しない安定状態，S_s に到達する．通常，生後 5～6 年でこの状態に達すると言われている．厳密には，その後も語彙の獲得による緩やかな状態変化は続くが，文法の中核部分の獲得は，ほぼこの段階で完了していると考えてよい．

S_0 は，すべての人間，すべての言語に共通なので，S_0 に関する理論(モデル)を普遍文法 (Universal Grammar: UG) という．S_0 そのもの(= 言語機能の初期状態)を普遍文法と呼ぶこともある．言語機能の安定状態 S_s (に関する理論)は，日本語や英語などの個別言語(= I 言語)である．個々の I 言語(すなわち S_s)の解明を，記述的妥当性 (descriptive adequacy) の問題といい，普遍文法(すなわち S_0)の解明を，説明的妥当性 (explanatory adequacy) の問題という．生成文法は，記述的妥当性はもとより，説明的妥当性をも満たした言語理論の開発をめざしている．

2.1.4 原理とパラメータのアプローチ

記述的妥当性の達成は，論理的に，説明的妥当性の達成の前提条件なので，初期の生成文法では，主に記述的妥当性の達成に努力が集中された．その結果，従来の言語研究で気づかれることのなかったさまざまな文法の性質が明らかにされ，一定の成果をおさめることができた．しかし，記述的妥当性を高めるために文法をどんどん複雑にしていけばいくほど，その複雑な文法を，乏しい言語経験に基づいてどのように獲得できるのか(プラトンの問題)が説明できなくなり，説明的妥当性から遠ざかることになった．

このような記述的妥当性と説明的妥当性の緊張関係から，1970年代末に「原理とパラメータのアプローチ」(principles and parameters approach: P&P)と呼ばれる，生成文法の新たな研究プログラムが生まれた．原理とパラメータのアプローチとは，言語機能の中核部分が，普遍かつ不変の「(文法)原理」(principle)と，「パラメータ」(parameter)と呼ばれる可変部分とから構成されている，という考え方である．原理とパラメータのアプローチによると，言語の性質の大部分は生得的な原理によって決定されていて，学習する必要がなく，すべての言語に共通している．パラメータは，いくつかの可能な値を持つスイッチのようなもので，経験に基づいてその値が決定される．パラメータ値の設定に先だって，文法のかなりの部分が原理によってすでに決められているので，第一次言語資料が貧困であっても，パラメータ値が容易に決定できると考えられている．

パラメータ値の違いによって，日本語，英語などの異なった言語の文法が生じる．原理とパラメータのアプローチによると，言語獲得のさいにしなければならないのは「語彙の習得」と「パラメータ値の設定」だけであり，従来考えられていたような文法規則の「学習」は，まったく含まれない．そのため，原理とパラメータのアプローチは，プラトンの問題を解決しうる有力仮説であるといえる．どのような原理とパラメータが存在し，幼児がパラメータ値を，どのような証拠に基づいて，いつ，どのように設定するのかを解明することが，原理とパラメータのアプローチにおける直接の研究課題である．

2.1.5 ミニマリスト・プログラム

ミニマリスト・プログラム (minimalist program: MP) と呼ばれる，最近の生成文法の研究プログラムは，原理とパラメータのアプローチに基づき，さらに，言語は(以下に述べるような意味で)どの程度「完全」なのかを探求している．

「言語は音と意味とをつなぐ仕組みである」と言われることからも推察されるとおり，脳内の認知機構において，言語機能は，音声をつかさどる調音・知覚システム (articulatory-perceptual system) と，概念をつかさ

どる概念・意図システム（conceptual-intentional system）との，中間に位置していると考えられる．

(5) 　調音・知覚システム　＝　言語機能　＝　概念・意図システム

ミニマリスト・プログラムは，言語機能をとりまくこれらの認知モジュールから言語機能に課せられる外的諸条件に対して，言語機能がどの程度最適な解になっているか，また，言語機能の性質が，外的条件と概念的必然性を持った道具立てのみによって，どの程度説明されるかを明らかにしようとしている．さらに，このような問題意識と言語習得に関する考察から，前述した「パラメータ値の言語間変異」が，実は各言語の持つ語彙項目（lexical item），とくにその中でも，機能範疇（functional category）と呼ばれる特定の部分の性質の違いに還元できるのではないか，という可能性が追求されている．

　ひと言で言えば，ミニマリスト・プログラムとは，言語機能がどのようにできているのかを明らかにする(説明的妥当性の達成)だけでなく，「なぜ」そのようにできているのかを解明しようとする，きわめて野心的な研究プログラムであると言える(Chomsky 2001)．

2.1.6　生成文法理論と英語の文の構造

　以上，生成文法の基本的な考え方と，研究の方向性を概観してきた．本書では，以下，これまでの生成文法理論の研究成果に基づいて，英語の統語構造について考察する．すなわち，1) 英語の文の統語構造として，どのようなものが可能で，どのようなものが不可能なのか，2) どのような統語構造が，どのような意味解釈と対応しているのか，3) それらを決定している一般的な原理(＝英語話者のＩ言語の特性)はどのようなものか，などを，英語の具体的な言語現象を記述・分析しながら検討する．

2.2　統　語　範　疇

　文は単語が集まってできているが，単語をどのように並べても文法的な文が得られるわけではない．たとえば，(6)は文法的な英語の文だが，こ

の中の child という単語と found という単語を入れ換えたり，the と puppy を入れ換えたりすると，(7a) や (7b) のように非文法的な表現になる．

(6) The child found this puppy.
(7) a. *The *found child* this puppy.
  b. **Puppy* child found this *the*.

このように，同じ単語が使われていても，配列の順序によって文法性に違いが出ることがある．このことから，文にとっては，単語を並べる順番，すなわち語順が大切であることがわかる．

しかし，語順が変わるといつも文法性が変わるというわけではない．(6) の child と puppy を入れ換えた (8a) や，the と this を入れ換えた (8b) は，(6) の文と意味は異なるが，いずれも文法的な文である．

(8) a. The *puppy* found this *child*.
  b. *This* child found *the* puppy.

それでは，どのような入れ換えが許されて，どのような入れ換えが許されないのだろうか．ここで，許される入れ換えと許されない入れ換えを整理してみよう．

(9) a. 許される入れ換え   b. 許されない入れ換え
    child ⟷ puppy   child ↮ found
    the ⟷ this   the ↮ puppy
      ↓   ↓
   文法的な性質が同じ   文法的な性質が違う

2つの単語の入れ換えができるということは，その2つの単語の文中での働き（統語的性質）が同じか，あるいは非常によく似ているということを意味している．逆に，入れ換えのできない2つの単語は，統語的性質が異なっていると言える．したがって，「child と puppy」や「the と this」は，それぞれ互いに統語的性質が同じであり，「child と found」や「the と puppy」は，それぞれ互いに異なった統語的性質を持っている，というこ

とになる．言い換えると，たとえば child と puppy は統語的性質を共有する1つのグループに属しており，found や the はこの統語的なグループに属していないということである．このような，統語的性質を共有する単語のグループ(の名前)を，統語範疇(syntactic category)または文法範疇(grammatical category)という．たとえば，child や puppy の属する統語範疇は，一般に，名詞(noun)と呼ばれ，英語名の頭文字をとって N という記号で表される．同じ統語範疇に属する単語は，形態的性質も似ている場合が多い．たとえば，英語の名詞の多くは，複数形に変化する(child — children, puppy — puppies)．

　未知の単語の統語範疇を決定するには，文法的な文の中にある，統語範疇がすでにわかっている単語と入れ換えができるかどうか(統語的代入テスト)と，統語範疇がすでにわかっている単語と形態的特性が同じかどうか(形態的特性テスト)を調べる．たとえば，いま仮に car という単語の統語範疇が未知であるとしよう．これを決定する場合，たとえば，(6)の文中ですでに名詞であるとわかっている puppy の位置に car を代入してみて，その結果得られる文が文法的であれば，car が名詞である可能性が高いといえる．

　(10)　統語的代入テスト
　　　　The child found this puppy.　⇨　The child found this car.
　　　　　　　　　　　　　　↑
　　　　　　　　　　　　　　car

さらに，名詞であるならば複数形に変化することが期待されるので，複数形(cars)をつくってみて，それが容認可能であれば，car がほぼ確実に名詞であると結論できる．

　統語範疇は，伝統文法でいう品詞(parts of speech)に似た概念だが，品詞の分類に意味的特性が関与しているのに対して，統語範疇は意味を用いず，純粋に統語的(および形態的)性質によって決定される．さらに，品詞は単語にだけあてはまる概念だが，2.3 節で見るように，統語範疇は単語が複数集まってできた構成素にも適用される概念である．

英語の代表的な統語範疇を (11) に示す.

(11) a. 名詞 (noun: N): car, child, idea, loss, puppy, etc.
  b. 動詞 (verb: V): cry, find, leave, love, rise, etc.
  c. 形容詞 (adjective: A): flexible, happy, kind, slow, tall, etc.
  d. 前置詞 (preposition: P): after, at, in, on, with, etc.
  e. 決定詞 (determiner: D / DET): the, this, it, she, himself, etc.
  f. 補文標識 (complementizer: C / COMP): that, for, if, etc.
  g. 屈折辞 (inflection: I / INFL): can, will, 不定詞節の to, etc.

名詞, 動詞, 形容詞, 前置詞は, 伝統文法で同じ名前で呼ばれる品詞に, おおむね対応している.

決定詞には, 冠詞 (a, the) や指示詞 (this, that) のほかに, 代名詞類 (I, you, she, it, himself, who, which, など)が含まれる. 代名詞は, 名前からすると名詞の仲間のような印象を受けるが, 統語的性質は決定詞である. たとえば, (12) に示したように, 名詞は形容詞で修飾できるが, 決定詞は形容詞で修飾できないという性質がある. 代名詞は, 他の決定詞と同様に, 通常は形容詞で修飾することができない.

(12) a. small car, young student
  b. *small the, *young this
  c. *small it, *young her

また, 決定詞が形容詞や名詞と共起する場合には, この順番で並ばなければならないが, (所有格の)代名詞の生起位置も他の決定詞と同じである.

(13) a. *the* red car   (14) a. *her* red car
  b. *red *the* car   b. *red *her* car
  c. *red car *the*   c. *red car *her*

以上のような統語的性質に基づいて判断すると, 代名詞の統語範疇は名詞ではなく, 決定詞である. 伝統的な文法用語は, 研究が進んでその意味するところが変わり, 名前と実体が合わなくなってもそのまま使い続けられ

ることが多いので，注意が必要である．
　(15a, b) の文の中には，もう1つ別の文が埋め込まれている．このように，他の文の一部になっている文を，埋め込み文（embedded clause）または補文（complement clause）といい，補文の先頭に生起する that や for などを，補文標識という．

(15)　a.　It's vital [*that* John should show an interest].
　　　b.　It's vital [*for* John to show an interest].

補文標識は一般に，補文の「タイプ」を示すものである．たとえば，(15a) のように，補文が定形節の平叙文の場合には that が，(15b) のように，不定詞節の平叙文の場合には for が用いられる．また，(16) に示すように，補文が定形節の一般疑問文の場合には if や whether が，不定詞節の一般疑問文の場合には whether が用いられる．

(16)　a.　I wonder [*if* he can solve the problem].
　　　b.　I wonder [*whether* to go or not].

不定詞節の to や法助動詞（can, should）のように，直後の動詞の活用（屈折）の有無に影響を与える要素を総称して，屈折辞と呼ぶ．屈折辞は，時制（tense）や「主語と動詞の一致」（agreement）を担う範疇であると言える（⇒ 3.1.2）．(17) などからわかるように，屈折辞の典型的な生起位置は，主語と動詞の間である．

(17)　a.　It's vital [that John *should* show an interest].
　　　b.　It's vital [for John *to* show an interest].

　(11) の統語範疇のうち，名詞，動詞，形容詞，前置詞の4つを語彙範疇（lexical category）と呼び，決定詞，屈折辞，補文標識を機能範疇（functional category）と呼んで区別することがある．語彙範疇に属する単語が豊かな意味内容を持つのに対して，機能範疇に属する要素は実質的な意味内容に乏しく，主に文法的な役割を担っている．また，言語獲得の過程では，語彙範疇が初めに出現し，機能範疇の獲得は遅れる傾向があ

る．言語障害では，語彙範疇だけ，あるいは機能範疇だけが，選択的に障害を受けることがあることが知られている．

2.3　構成素構造

2.2節で，文にとっては，それを構成する単語の配列順序（語順）が重要であること，および，語彙が統語的働きの異なるいくつかのグループ（統語範疇）に分かれていることを見た．2.3節では，さらに，文の階層的な構成素構造について考察する．構成素構造についてはすでに第1章で，音韻，形態，統語，意味などさまざまなレベルで階層構造を持つことが，人間言語の重要な特性であることを見たが，本節では，このうちの統語的な構成素構造に焦点を絞って，第1章の復習もおりまぜながら，語順や統語範疇との関係について導入的な説明を行なう．

文は，ただ単に単語が一定の順序で直列的に並んだものではなく，それを構成する単語同士の結びつきの強さに違いがある．たとえば，(18)の文を英語の母語話者に提示して，直感的に区切りがよいと感じられるところで2つに分けるように指示すると，ほとんどの場合，(19a)のようにchildとfoundの間に区切りを入れる．さらに，2つではなく3つに分けてもらうと，(19b)のようにchildとfoundの間と，foundとthisの間に区切りを入れる．

(18)　The child found this puppy.
(19)　a.　the child | found this puppy
　　　b.　the child | found | this puppy

このことは，(18)の文が，the childとfound this puppyという2つの大きな「まとまり」に分かれていて，後者はさらにfoundとthis puppyという2つの「まとまり」に分かれていることを示唆している．逆にいうと，文は，このような「まとまり」によって構成されていると言える．文を構成している単語や「まとまり」のことを，文の構成素（constituent）という．とくに複数の単語からなる構成素を，句（phrase）という．いま述べた，英語母語話者の直感から推察される(18)の文の構成素関係

を図示すると，(20) のようになる．

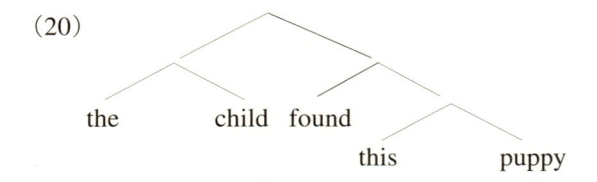

(20)

```
         /\
        /  \
       /    /\
      /    /  \
     /    /   /\
    /    /   /  \
   the  child found
                /\
               /  \
              this puppy
```

(18) が (20) のような構成素構造を持つことは，母語話者の直感以外に，さまざまな客観的統語テストで確認することができる．たとえば，2.2 節で，文中の任意の単語を別の単語で置き換えることができれば，その 2 つの単語の統語的特性が同じであるか，あるいはよく似ており，同一の統語範疇に属している可能性が高いことを見た．

(21)　a.　The child found this puppy. (= (18))
　　　b.　*She* found this puppy.
　　　c.　The child found *it*.
　　　d.　The child *laughed*.

(21a) の the と child のかわりに she という単語(決定詞)を挿入すると，(21b) が得られる．(21b) が文法的であるということは，the child という 2 つの単語の連鎖の統語的な働きと，she という 1 つの単語の統語的働きが，ほぼ同じであることを示している．つまり，the child が構成素をなしており，この構成素が決定詞の性質を持った句，すなわち決定詞句 (Determiner Phrase: DP) であることを示している．同様に，(21a) の this puppy を決定詞の it で置換して，(21c) のように言うことができることから，this puppy が決定詞句であることがわかる．(伝統文法などでは the child や this puppy などの表現を名詞句と呼ぶが，本書の理論的枠組みでは，これらの表現は名詞句ではなく，決定詞句であることに注意されたい．本書の枠組みでどのようなものが名詞句になるかについては，2.5 節を参照のこと．)さらに，(21d) に示したように，(意味は変わるが文法性を変えずに) found this puppy を動詞の laughed で置換できるということは，found this puppy が全体で動詞句 (Verb Phrase: VP) であること

を示している．(20) の図にこれらの情報を盛り込むと，(22) のようになる．(本書ではまだ文全体の統語範疇が何かを議論していないので，ここでは便宜的に sentence（文）の頭文字をとって S という記号で表す．文全体の統語範疇については第 3 章以降で考察する．)

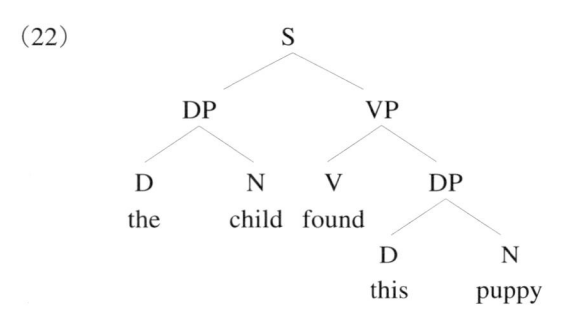

(22)
```
              S
           /     \
          DP      VP
         /  \    /  \
        D    N  V    DP
       the child found / \
                      D   N
                    this puppy
```

(22) のような図は，木を逆さまにした形に似ていることから，樹状図または樹形図（tree diagram）と呼ばれている．樹状図には，通常，文にとって重要な 3 種類の情報（すなわち語順，構成素構造，および構成素の統語範疇）が示されている．これら 3 種類の情報の総体を，統語構造（syntactic structure）という．樹状図は統語構造を見やすく示すことができるので，言語研究で広く用いられている．

ここで注意すべきことは，樹状図のような「絵」を描くことや「絵」そのものが大切なのではなく，重要なのはあくまでも，そこに示されている 3 種類の情報であるということである．したがって，3 種類の情報が示されていれば，樹状図でなくともかまわない．(23) のような標識つき括弧（labeled bracket）による表示は，語順，構成素構造，および統語範疇が示されているという点で，樹状図と情報的に等価なので，樹状図とともによく用いられる．

(23)　[$_S$ [$_{DP}$ [$_D$ the] [$_N$ child]] [$_{VP}$ [$_V$ found] [$_{DP}$ [$_D$ this] [$_N$ puppy]]]]

統語構造を樹状図で示したときに，文法範疇の記号が書かれている部分を，木の節にたとえて，節点（node）という．節点と節点を結ぶ直線は，枝（branch）と呼ばれる．ある節点から枝伝いに別の節点に下りて行ける

とき，前者が後者を支配（dominate）しているという．間に他の節点が介在しない場合には，直接支配（immediately dominate）しているという．たとえば，(22) の VP は，V (found)，DP (this puppy)，D (this)，N (puppy) を支配し，そのうちの V (found) と DP (this puppy) を直接支配している．ある節点がある節点を直接支配している場合，前者を母（mother），後者を娘（daughter）という．同一の節点の娘同士は姉妹（sister）である．たとえば，(22) の VP は V (found) と DP (this puppy) の母であり，逆に V (found) と DP (this puppy) は VP の娘である．また，V (found) と DP (this puppy) は互いに姉妹である．

節点が，その姉妹や姉妹に支配されている節点と持つ構造的関係を，c 統御（c-command）という．

(24) c 統御: 節点 A は，その姉妹および姉妹に支配されている節点を c 統御する．

たとえば，(22) の V (found) は，DP (this puppy) と D (this) と N (puppy) を c 統御しており，DP (the child) は，自分と S 以外のすべての節点を c 統御している．c 統御という構造関係は，文法のいたるところで重要な役割を果たしている．たとえば，再帰代名詞 (himself, herself, themselves など) と相互代名詞 (each other など) をまとめて，照応形 (anaphor) というが，照応形は，先行詞（それと同一の指示対象を持つ表現）に c 統御されていなければならないという性質がある．(25a) では，照応形 himself が先行詞 John に c 統御されているので，文法的である (John の姉妹は VP で，himself は VP に支配されている)．一方，(25b) では，himself が John に c 統御されておらず，非文法的になっている (John の姉妹は mother なので，himself は John の姉妹でなく，また John の姉妹に支配されてもいない)．

(25) a. [S John [VP loves himself]].
b. *[S [DP John's mother] [VP loves himself]].

このような，c 統御が関与するとすでにわかっている文法現象を使って，

未知の言語表現の構造を探ることもできる（⇒ 4.3）.

以上，本節では，文には階層的な統語構造があること，および，文の統語構造は母語話者の直感や客観的な統語テストにより，明らかにできることを見た．次の節では，文の構成要素を意味機能の観点から考察する．

2.4 述語，項，付加部

文中での意味的な働きに着目して，文の構成要素を，述語，項，付加部の3種類に分けて考えることがある．述語（predicate）とは，（26）のarrestedのように，動作や出来事，状態などを表し，文の意味的な中心になっている要素をいう．

(26) The police arrested the suspects.

述語の表す出来事などに登場する，主要な人物や事物をさし示す表現を，項（argument）という．項のうち，主語に対応づけられるものを外項（external argument），それ以外のものを内項（internal argument）という．(26)では the police が外項で，the suspects が内項である．

文中に生起する項の数と種類は，述語によって決まる．たとえば，arrest は，動作を行なう「動作主」（Agent）と，動作の影響を受ける「対象」（Theme）を，項として「選択」（select）する．したがって arrest を述語とする文では，動作主を表す項と，対象を表す項が必要である．(26)では，the police が動作主で，the suspects が対象である．述語の選択する項の数と種類の情報を，項構造（argument structure）という．(27)にいくつか例を示す.

(27) sleep 〈動作主〉
arrest 〈動作主，対象〉
put 〈動作主，対象，着点〉
(28) a. Aaron slept.
動作主
b. The police arrested the suspects.
動作主 　　　　　　対象

c. Aaron   put the book   on the desk.
      動作主   対象   着点

sleep のように，項を 1 つ選択する述語を 1 項述語 (one-place predicate)，arrest のように，項を 2 つ選択するものを 2 項述語 (two-place predicate)，put のように，項を 3 つ選択するものを 3 項述語 (three-place predicate) という．

「動作主」や「対象」といった項の担う役割のことを，意味役割 (semantic role) または主題役割 (thematic role: θ-role) という．主題役割の種類と定義およびその必要性については，研究者間で必ずしも意見が一致していないが，以下に比較的広く用いられているものを示す．

(29) a. 動作主 (Agent)：　自己の意思で動作を行なう主体
     b. 経験者 (Experiencer)：　感情や感覚などを抱く主体 (例: "Aaron likes Chad." の Aaron)
     c. 対象 (Theme, Patient)：　動作や感情の対象，移動や状態変化の主体
     d. 着点 (Goal)：　物理的な移動や，所有権などの抽象的な移動の到達点
     e. 受益者 (Benefactive)：　利益の受け手 (例: "Aaron baked a cake for Chad." の for Chad)

項構造に定められた主題役割は，項として必ず統語的に実現しなければならない．項の数が主題役割の数よりも多かったり少なかったりすると，非文法的になる．

(30) 項が多い例
     a. *Aaron slept the desk.
     b. *The police arrested the suspects the desk.
(31) 項が少ない例
     a. *Slept.
     b. *Aaron put the book.

このことを定めた文法原理が，(32) の θ 基準（θ-criterion）である．

(32) a. それぞれの項は，1つの主題役割を担わなければならない．
b. それぞれの主題役割は，1つの項に付与されなければならない．

文には，述語と項以外に，時間や場所，様態などを表す随意的な表現が生起することがある．それらを付加部（adjunct）という．すなわち，文は，必須要素である述語と項，および随意的な付加部とから構成されている．(33) でイタリック体で示されているのが付加部であり，取り除いても文法性には影響がない（もちろん意味は変わるが）．

(33) a. The police arrested the suspects *on Monday*.
b. The police arrested the suspects *in Boston*.
c. The police *quickly* arrested the suspects.

2.5 句の構造

2.3 節で，文が複数の単語や句から構成されていることを見て，2.4 節で，それら（文の構成素）の意味的な働きを考察した．本節ではこれらをふまえて，句の構造をもう少し詳しく検討する．

まず，(34) を見てみよう．

(34) a. I put the kettle on the desk.
b. I put the kettle on it.
c. I put the kettle there.
d. I put the kettle on.（やかんを火にかけた）

2.3 節で見たように，決定詞と名詞が結合すると，決定詞句が形成される．したがって，(34a) の the desk を，(34b) のように it で置換することができる．さらに，on the desk を，(33c) のように there という1つの単語で置換できることや，(34d) のように，前置詞が単独で put の着点の項になっている例などから，前置詞と直後の構成素が結合すると，前

置詞の性質を持った句，すなわち前置詞句が形成されることがわかる．

(35) a.
```
        DP
       /  \
      D    N
      the  desk
```
b.
```
        PP
       /  \
      P    DP
      on   /\
         the desk
```

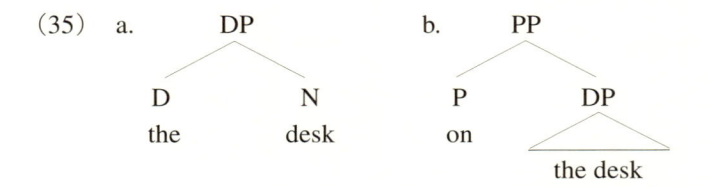

次に，(36a) において，one が決定詞 that の直後に生起していることや，teacher と解釈されることなどから，one の文法範疇が名詞であることがわかる．代名詞の she や it などを決定詞(句)の「代用表現」と呼ぶとすれば，one は名詞(句)の代用表現である．

(36) a. I like this teacher better than that one.
　　　b. I like this teacher of French better than that one.
　　　c. I like her better than him.

(36b) の one は teacher of French と解釈されるので，このことから，teacher of French 全体が名詞句であると言える．この，名詞句と決定詞が結合してできる構成素 this teacher of French は，(36c) に示したように代名詞で置換可能なので，決定詞句である．したがって，this teacher of French は次のような構造をしている．

(37)
```
          DP
         /  \
        D    NP
       this  / \
            N   PP
         teacher /\
               of French
```

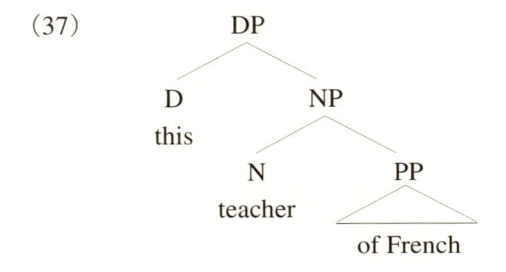

2.3 節でも見たが，他動詞とその内項は，(38) のように自動詞で置換できるので，動詞句を形成している．

(38) a. I like the teacher of French.
　　 b. I laughed.

(39)
```
        VP
       /  \
      V    DP
     like   △
        the teacher of French
```

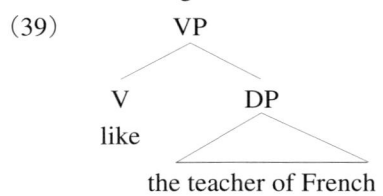

また，形容詞とその内項は，(40b)のように単独の形容詞で置換できるので，形容詞句を形成していると言える．さらに，be 動詞と形容詞(句)の連鎖は，(40c)のように動詞で置換可能なので，動詞句をなしている．

(40) a. I am fond of the piano.
　　 b. I am happy.
　　 c. I laughed.

(41)
```
        VP
       /  \
      V    AP
      am  /  \
         A    PP
        fond /  \
            P    DP
            of  /  \
                D    N
               the  piano
```

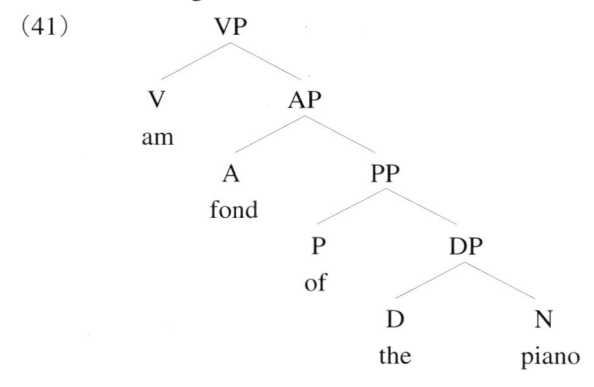

以上，さまざまな範疇の句の構造を見てきたが，それらをやや一般的な形に整理すると，以下のようになる．α の位置には，句によってさまざまな範疇の構成素が現れる．

(42)　　決定詞句　　　名詞句　　　動詞句　　　形容詞句　　　前置詞句
　　　　　　DP　　　　　　NP　　　　　VP　　　　　　AP　　　　　　PP
　　　　　　／＼　　　　　／＼　　　　／＼　　　　　／＼　　　　　／＼
　　　　　　D　　α　　　N　　α　　V　　α　　　A　　α　　　P　　α

　これらを見てわかるように，句はすべて，その文法範疇にかかわらず，基本的に同じ構造をしている．個々の文法範疇の記号の代わりに，すべての文法範疇を代表する変項 X で句の基本構造を示すと，次のようになる．

（43）　句の基本構造（その 1）

　　　　　　　XP　　　　　　X:　　XP の主要部
　　　　　　／＼　　　　　　XP:　　X の投射
　　　　　X　　α　　　　　α:　　X の補部

　句は一般に，次のような性質を持っている．まず第一に，句の内部には必ず，句全体と同じ文法範疇の要素が存在している．たとえば，決定詞句の中には必ず決定詞があり，動詞句の中には必ず動詞がある．このことを「句は内心的（endocentric）である」という．動詞句内の動詞のように，句全体の性質を決定している中心要素を，その句の主要部（head）という．動詞句における目的語のように，主要部の姉妹の位置にあり，主要部に選択されている要素を補部（complement）という．英語では，補部は主要部の右側に生起する．補部にどのような範疇の構成素が生起するかは，主要部の性質によって決まる．句（XP）には，主要部の文法的性質が反映されているので，句を主要部（X）の投射（projection）と呼ぶことがある．

　内心性とともに重要な，句のもう 1 つの性質は，2 項分岐（binary branching）構造を持つことである．すなわち，（単語以外の）節点はすべて，(44a) のように 2 つに枝分かれしており，(44b) のように 3 つに枝分かれしたり，(44c) のように枝分かれせずに，単一の娘節点だけを直接支配したりすることはない．

(44)　a.　　α　　　　　b.　　*α　　　　　c.　*α
　　　　　　／＼　　　　　　　／|＼　　　　　　|
　　　　　β　　γ　　　　β　γ　δ　　　　　β

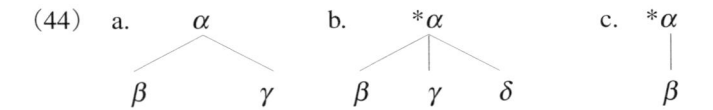

　句は単語が集まってできているが，ばらばらの単語を結合して句を形成したり，単語や句を結合して，より大きな句を形成したりする文法操作を，併合（Merge）という．上で述べた，句の内心性と 2 項性から判断して，併合は，2 つの構成素を結合して，そのうちどちらか片方の性質を引き継いだ，より大きな構成素を形成する文法操作である，と考えられる．

(45)　併合:　$\alpha + \beta \to [_\alpha\, \alpha\beta]$
　　　　（2 つの構成素を結合して，新たな構成素を形成する文法操作）
(46)　併合の性質
　　　a.　2 項的（binary）である：　併合は 2 つの構成素を結合する．
　　　b.　非対称的（asymmetric）である：　併合の結果得られる構成素は，それを構成する 2 つの構成素のうち，どちらか片方の性質だけを引き継いでいる（どちらか片方の投射になっている）．

　これまで見てきた句はすべて，主要部と補部だけからできていたが，句の中にはそれ以外の要素を含むものもある．たとえば，(47a) の one は teacher of French をさしており，(47b) の one は，teacher of French という解釈と young teacher of French という解釈のどちらも許す．

(47)　a.　I like the *young* teacher of French better than the *old* one.
　　　b.　I like this *young* teacher of French better than that one.

このことから，teacher of French も young teacher of French も，ともに名詞の性質を持つ構成素であると言える．young teacher of French が名詞句であるとすると，teacher of French は，それよりは小さいが単語よりは大きい，名詞の性質を持った構成素であることになる．そのような範疇を N バーと呼び，N′ または $\bar{\mathrm{N}}$ と書く．すなわち，this young teacher of French は (48) のような構造をしている．

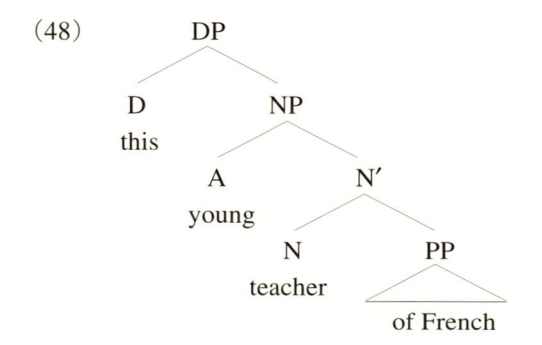

(48)
```
         DP
        /  \
       D    NP
      this / \
          A   N'
        young/ \
            N   PP
         teacher /\
              of French
```

　より一般的には，主要部の投射のうちもっとも大きいものを最大投射 (maximal projection) といい，XP と表記する．主要部の投射で最大投射以外のものを中間投射 (intermediate projection) といい，X′ (または $\bar{X}$) という記号で表す．主要部の単語は (正確にはなんの投射でもないが)，最小投射 (minimal projection) と呼ばれることがある．最小投射の記号は X である．

(49) a. 最大投射 (XP)：　それ以上投射しない範疇
　　　b. 最小投射 (X)：　なんの投射でもない範疇 (単語それ自身)
　　　c. 中間投射 (X′)：　最大投射でも最小投射でもないもの

定義上，最大投射と最小投射は1つの句に1つしか存在しないが，中間投射は1つの句に複数含まれることがある．(50) は N′ が2つ現れた例である．

(50)
```
         DP
        /  \
       D    NP
       a   /  \
          A    N'
        young /  \
             A    N'
         handsome / \
                 N   PP
              teacher  \
                    of French
```

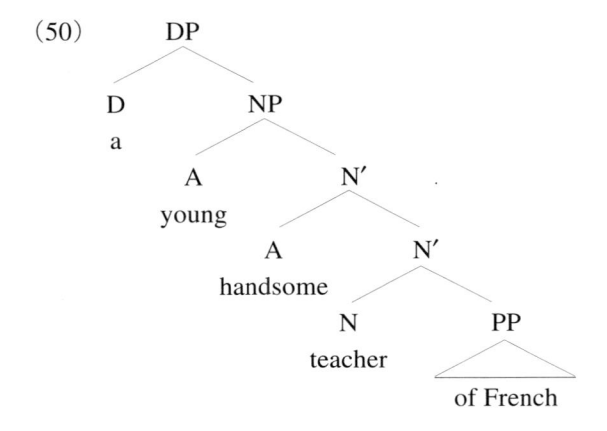

また，(49) の定義によると，(50) の young や handsome のようにまったく投射しない範疇は，最小投射であり同時に最大投射でもある．このような場合は，最小投射の記号 X だけで表記するのが慣例である．

中間投射を含む句の雛形を (51) に示す．

(51) 句の基本構造(その 2)
```
       XP
      /  \
     β    X'
         /  \
        X    α
```

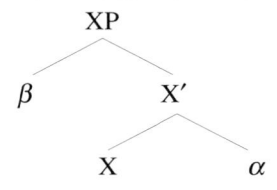

(51) で β が占めている位置を，句の指定部 (specifier: SPEC) と呼ぶ．(51) の構造は，次のような過程で派生される．まず，(52) に示すように，X と α が併合される．X は，併合前は最小投射であり，かつ最大投射でもあるが，併合後は，最小投射ではあるが最大投射ではない．

(52)
```
  X + α  →    XP
             /  \
            X    α
```

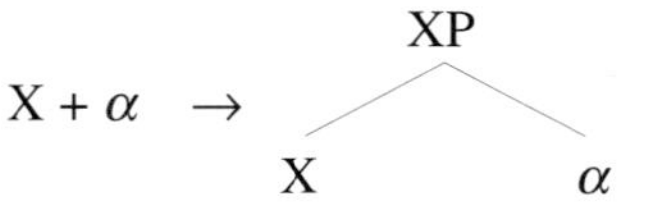

併合によってできた構成素 [X α] は，X の性質を引き継いだもっとも大

きい投射なので，X の最大投射 XP である．次に，(53) のように，この構成素と β が併合されると，構成素 $[\beta\,[X\,\alpha]]$ が得られる．

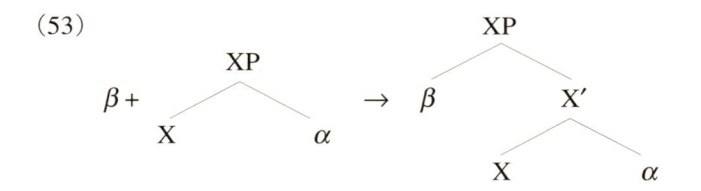

(53)

$$\beta + \begin{array}{c} XP \\ \diagup\ \diagdown \\ X \quad\quad \alpha \end{array} \rightarrow \begin{array}{c} XP \\ \diagup\ \diagdown \\ \beta \quad\quad X' \\ \diagup\ \diagdown \\ X \quad\quad \alpha \end{array}$$

この併合の結果，$[\beta\,[X\,\alpha]]$ 全体が X の最大投射 XP になり，$[X\,\alpha]$ は X の中間投射 X′ になる．このように，1 つの構成素の投射の種類が，派生の段階で変わることがある．これは，投射の種類が (49) に示したように，相対的に定義されているためである．

2.6 移　動

前節では，ばらばらの単語を結合して 1 つのまとまった言語表現をつくる，併合という文法操作を見たが，本節ではもう 1 つの文法操作である，移動を導入する．

(54) の what は文頭にあるが，動詞 buy の目的語として解釈される．

(54)　What did you buy?

英語では通常，動詞の目的語は動詞の補部の位置に現れるので，(54) の what は，(55) に示したように，もともと動詞の補部の位置にあり，そこから文頭に移動したと考えられる．

(55)　　　did you buy what

このように，構成素を他の位置に動かす文法操作を，移動 (Move) という．移動により構成素が動くと，もとの位置にその要素の痕跡 (trace: t) が残る．痕跡がどの構成素と対応づけられているかを示すために，(56) のように，移動した要素とその痕跡に同一の指標を付与することがある．

(56) What$_i$ did you buy t_i?

痕跡はさまざまな点で，移動した要素と同じ性質を持つ．そのため，痕跡は移動要素のコピーであるという説がある（Chomsky（1993）などを参照）．これを「移動のコピー理論」（copy theory of movement）という．より正確には，移動のコピー理論では，移動は特定の構成素のコピーを別の構成素と併合する文法操作である，と考えられている．この考えによると，(55)で矢印で示されている移動は，what のコピーと did you buy what という構成素を併合し，概略 (57) のような構造を生み出す．

(57) [what [did you buy what]]

同一要素のコピーが複数ある場合には，構造上，一番高い位置にあるコピーだけが発音される．(57) では，2つの what のうち文頭の what だけが発音され，動詞の補部の位置にあるほうは発音されない．疑問文の詳しい構造については，第5章で検討する．

ここでは，痕跡が移動要素のコピーであることを示唆する現象を，2つ紹介する．まず初めに，動詞 want に不定詞節の to が後続する場合，話し言葉では (58) に示したように，wanna と発音することができる．これを wanna 縮約という．

(58) a. I want to meet Aaron.
  b. I wanna meet Aaron.
  c. Who$_i$ do you want to meet t_i?
  d. Who$_i$ do you wanna meet t_i?

wanna 縮約は，want と to が隣接している場合にだけ可能で，(59) のように want と to の間に他の要素が介在する場合には，縮約できない．

(59) a. I want Chad to meet Aaron.
  b. *I wanna Chad meet Aaron.

おもしろいことに，(60a) のように，want と to の間の要素が移動して，表面的には want と to が隣接しているように見える場合にも，wanna 縮

約が阻止される．

(60) a. Who$_i$ do you want t_i to meet Aaron?
b. *Who do you wanna meet Aaron?

つまり，音形を持たない痕跡が，wanna 縮約に関して，音形を持つ構成素と同じように振る舞う．移動のコピー理論で主張されているように，痕跡が移動要素と同一のコピーだと考えると，(60a) の want と to の間には who が介在していることになり，(60b) の非文法性を (59b) の非文法性と統一的に説明できる．

移動のコピー理論を支持する第二の現象は，再構築効果と呼ばれるものである．2.3 節で述べたように，照応形は先行詞に c 統御されなければならないという性質を持つ．(61a) では，照応形の一種である再帰代名詞の himself が，先行詞 John に c 統御されており，照応形の c 統御条件が満たされている．(61b) では，which picture of himself が動詞の補部の位置から文頭に移動したため，himself が先行詞 John に c 統御されておらず，非文法的になってもよいはずである．しかし，実際は，(61b) は文法的であり，which picture of himself があたかも目的語の位置に留まっているかのように振る舞っている．

(61) a. John saw pictures of himself.
b. [Which picture of himself]$_i$ did John see t_i?

(61b) のように，移動した構成素があたかも移動前のもとの位置にあるかのように振る舞うことを，再構築効果 (reconstruction effect) という．再構築効果も，痕跡が移動した要素のコピーであると考えると説明がつく．すなわち，(61b) の動詞の補部の位置には，(62) に示すように，which picture of himself というコピーがあり，この中の himself が John に c 統御されているため，照応形の c 統御条件が満たされていると考えられる．

(62) [which picture of himself] did John see [which picture of himself]?

第3章　平叙文の基本構造

この章では平叙文の基本構造を考察する．

3.1　文の基本構造

3.1.1　助動詞のある文

まず，(1)のような助動詞を含む文の構造を考えてみよう．

(1)　She can solve the problem.

第2章で説明した統語的代入テストを(1)に対して適用すると，(2)に示したように，the problem が決定詞 it で置換でき，solve the problem が動詞 leave で置換可能である．このことから，(1)の solve the problem の部分が(3)のような構造を持つことがわかる．

(2)　a.　She can solve it.
　　　b.　She can leave.

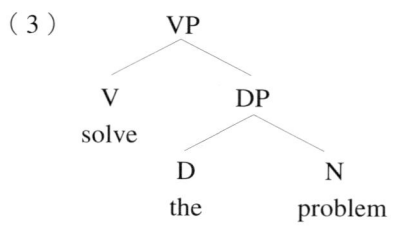

(3)
```
        VP
       /  \
      V    DP
    solve  / \
          D   N
         the problem
```

この動詞句と主語 we や助動詞 can は，どのような構造関係にあるのだろうか．2.3節では，文全体の統語範疇に関しては実証的な分析を行

なわち，暫定的に文は S であるとみなして論を進めてきた．それをそのまま (1) の文にあてはめると，次のようになる．

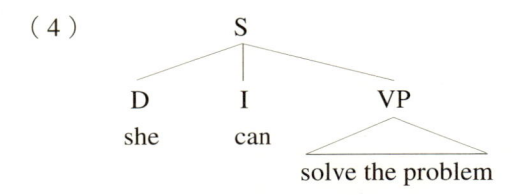

(4)
```
        S
      / | \
     D  I  VP
    she can solve the problem
```

このような構造には，以下に述べるようにさまざまな問題がある．まず第一に，S 節点は，それ自身が単語でなく，またなんの投射にもなっていないので，2.5 節で見た「構成素は内心構造を持っている」という統語構造の基本性質に反している．

第二に，(4) の S 節点は 3 つに枝分かれしており，「構成素は 2 項分岐構造を持つ」という統語構造の基本性質とも整合的でない．

(4) の構造の第三の問題点は，第二の問題点に関連している．まず (5a, b) の文を見てみよう．

(5) a. She [can solve the problem] but [cannot explain how].
    b. They [will try to reduce taxes] but [may not succeed].

and や but のような等位接続詞は，2 つの同じ性質を持った構成素を結合する．構成素をなさない単語の連鎖は，等位接続することができない（等位項になれない）．たとえば，(6) では，「主語の一部と動詞」という構成素をなさない単語の連鎖が，等位項になっているため，非文法的である．

(6) *The [child found] and [mother washed] this puppy.

(5a, b) ではいずれも，助動詞と動詞句の連鎖が等位項になっている．これらの文の文法性は，助動詞と動詞句が構成素をなし，主語はその外部にある，ということを示唆している．(4) の構造にはそのような構成素が存在せず，(5) の構成素テストの結果と矛盾する．

このように，(4) の構造には理論的にも経験的にも問題があり，妥当な

分析とはいえない．そこで，(7) に再録した典型的な句の構造 (⇒ 2.5) を念頭に文の構造を再考すると，(1) の文は (8) のような構造をしていると考えられる．

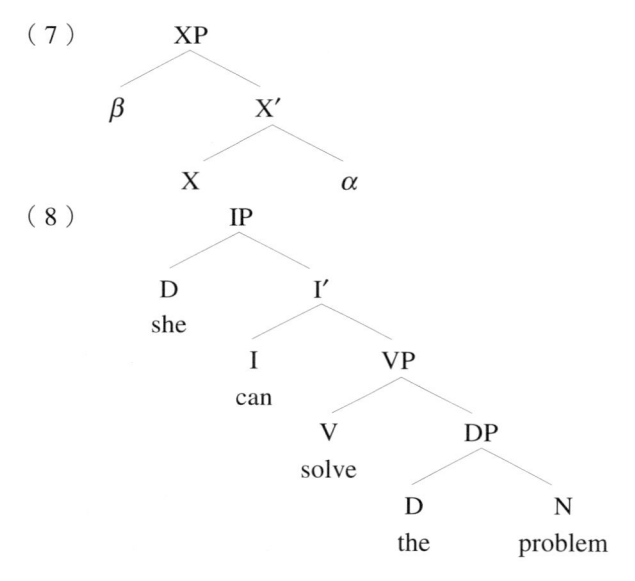

(7)
```
        XP
       /  \
      β    X'
          /  \
         X    α
```

(8)
```
            IP
           /  \
          D    I'
         she  /  \
             I    VP
            can  /  \
                V    DP
             solve  /  \
                   D    N
                  the  problem
```

この分析によると，文は屈折辞の最大投射 IP であり，その主要部である屈折辞の補部には動詞句が，そして指定部の位置には主語が生起している．(8) の構造は，内心性や 2 項分岐構造といった句の基本的な条件を満たしており，また，(5a, b) が示すように，助動詞と動詞句が構成素をなしていて，(4) の構造の問題点がすべて解決されている．

ちなみに，(8) の IP は次のように派生される．まず助動詞（屈折辞）と動詞句が併合して，[I VP]（= [can solve the problem]）が形成される．この段階では，[I VP] は屈折辞の最大投射 IP である．次に，この [$_{IP}$ I VP] と主語が併合し，屈折辞の新たな最大投射 [$_{IP}$ D [I VP]]（= [she can solve the problem]）が形成される．この併合の結果，[I VP] は屈折辞の中間投射 I′ になる．

3.1.2 助動詞のない文

次に，助動詞を含まない (9) のような文の構造を考えよう．

(9)　She solved the problem.

前節では，助動詞を含む文は，助動詞(すなわち屈折辞)の投射 (IP) であることを見た．(9) のように助動詞のない文は，一見すると屈折辞を含まず，屈折辞の投射ではありえないように感じられる．しかし，実は，このような文にも屈折辞が存在し，基本的に助動詞を含む文と同じ (10) のような構造をしていると考えられる．

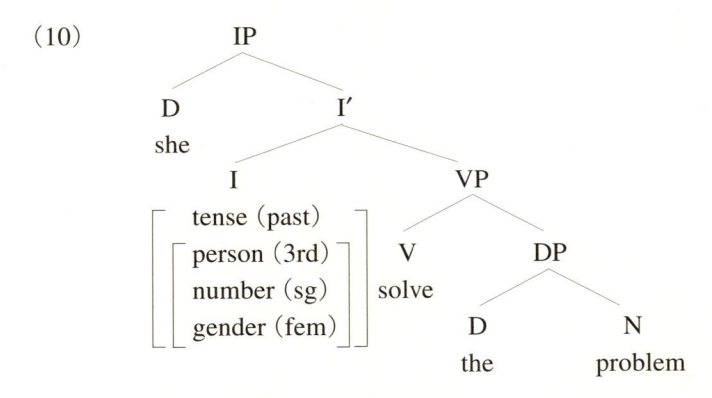

(10)
```
              IP
            /    \
           D      I'
           she   / \
                I   VP
         ┌tense (past)┐  / \
         │person (3rd)│ V   DP
         │number (sg) │ solve / \
         └gender (fem)┘     D   N
                            the problem
```

このような助動詞を含まない文の屈折辞は，文の時制をつかさどる時制素性 (tense feature) と，主語と動詞の一致をつかさどる一致素性 (agreement feature) の束である (一致素性は ϕ 素性 (ϕ-feature) と呼ばれることもある)．英語の時制素性は，現在 (present) と過去 (past) の2つの値を持つ．時制素性の値は，屈折辞が文に導入(併合)される段階で，すでに決まっている．屈折辞が現在時制素性を持つ場合には，その文が現在時制の文として解釈され，屈折辞が過去時制素性を持つ場合には，過去時制の文として解釈される．

英語の一致素性には，人称素性 (person feature)，数素性 (number feature)，性素性 (gender feature) の3種類がある．人称素性は，1人称 (first person: 1st)，2人称 (second person: 2nd)，3人称 (third person:

3rd）の3つの値を持ち，数素性は単数（singular: sg）と複数（plural: pl）の2つの値を持つ．性素性は男性（masculine: msc）と女性（feminine: fem）の2つの値を持つ．

　上で述べたように，屈折辞の時制素性の値は，屈折辞が文に導入される段階ですでに決まっており，文の意味解釈に直接影響する．これに対して，屈折辞の一致素性の値は，文の意味解釈には直接関与せず，主語と動詞の形態的一致を仲介する「文法的」役割だけを担っている．したがって，屈折辞の一致素性の値は，屈折辞が文に導入される段階では定まっておらず，屈折辞が文に導入されてから，もっとも近くにある決定詞句（主語）の一致素性の値と，同じ値に設定されると考えられる．たとえば，(10) では，主語の she が「3人称・単数・女性」の値の一致素性を持つので，屈折辞の一致素性もこれに「一致」して，「3人称・単数・女性」の値に設定される．このように，値の定まっていない素性の値を，値の決まっている同種の素性に照らし合わせて設定する過程（文法操作）を，一致（Agree）という．ちなみに，決定詞（句）の一致素性の値は，その決定詞（句）の意味解釈を決定する重要な要因なので，初めから決まっている．

　時制素性と一致素性の集まり（束）である屈折辞は，文内に単独で生起することができない接辞的性質を持っており，隣接する動詞といっしょに，1つの「活用した動詞」（solved や solves など）として発音される．たとえば，時制素性の値が「現在」で，一致素性の値が「3人称・単数」の場合には，reads や solves のように，いわゆる3単現の s として，音韻・形態的に具現化される．（動詞が初めから活用した形で動詞句の中に現れ，その形が屈折辞の素性の値と合うかどうか照合（check）される，という考え方もある．本書で扱うデータの範囲内では，どちらの説をとっても経験的に差が出ないので，説明がより単純な前者の立場に立って論を進める．）

　助動詞を含まない文にも，(10) のように，動詞と独立した屈折辞が存在すると考える根拠には，次のようなものがある．まず第一に，時制素性や一致素性は，動詞と不可分な内在的素性ではない．このことは，(11) に示したように，さまざまな環境で動詞がこれらの素性をともなわずに原

形で現れることや，これらの素性が動詞ではなく，法助動詞（can, could など）や迂言的助動詞（do, does, did）に形態的に具現化されることがあることからわかる．

(11) a. We can *solve* the problem.
b. They expected [Aaron would *show* some interest].
c. They expected [Aaron to *show* some interest].
d. The students said that they would solve the problem, and [VP *solve* the problem] they did t_{VP}.
e. They did not *solve* the problem.
f. Did you *solve* the problem?

このように，時制素性と一致素性は，動詞とは統語的に独立した範疇である．（11a）や（11b）の括弧内のように助動詞を含む文では，屈折辞である助動詞が，同じく屈折要素である時制素性や一致素性を初めからともなって文に導入される．（11c–f）のような文については，次節以降で順次検討する．

語彙的助動詞の現れない文にも屈折辞が存在すると考える2番目の理由は，等位接続に関するものである．前節でもふれたように，一般に，and や but などの等位接続詞によって結合される等位項は，同じ性質の範疇でなければならないということが知られている．（12）の文の2番目の等位項 will ask her for a date は，助動詞で始まっているので，I′ であると考えられる．この文の1番目の等位項 talked to Mary today は助動詞を含まず，過去形の動詞で始まっている．もし，助動詞を含まない文には屈折辞が存在しないと仮定すると，この等位項は動詞句ということになる．

(12) John [[VP(?) talked to Mary today] and [I′ will ask her for a date]].

しかし，それでは VP と I′ という異なった性質の範疇が等位接続されていることになり，（12）が非文法的であるという間違った予測をしてしまう．一方，語彙的助動詞の現れない文にも屈折辞が含まれていると仮定すると，（12）は（13）のように I′ 同士の等位接続と分析でき，この文の文

法性を正しく予測することができる．

(13) John [[_I' I [_VP talk to Mary today]] and [_I' will [_VP ask her for a date]]].

　助動詞のない文も IP であるとする第三の根拠は，選択関係に関するものである．語彙範疇と異なり，機能範疇の場合は，一般に，その補部として選択する構成素の文法範疇が，範疇ごとに決まっている．たとえば，決定詞は名詞句を選択し，屈折辞は動詞句を選択する．補文標識も機能範疇なので，補文標識の補部になる構成素の文法範疇も，1種類に決まっているはずである．(14a)で，補文標識 that の補部として助動詞のある文 (= IP)が生起していることから，補文標識が IP を補部に選択する範疇であることがわかる．もしこの前提が正しければ，(14b)のように，助動詞のない文が補文標識 that の補部になれるという事実は，助動詞を含まない文が，助動詞を含む文と同様に，IP であるということを示唆している．

(14) a. We believe that [John can solve the problem].
　　　b. We believe that [John solved the problem].

　以上をまとめると，文は，助動詞の有無にかかわらず，屈折辞を主要部とする最大投射 IP であり，補文標識の補部になることもある．したがって，文の骨格をやや一般的な形で示すと，次のようになる．

(15) [_CP C [_IP I [_VP V]]]

　このように，文は，命題(の主要部分)を担う動詞句を中核とし，その外側に時制などをつかさどる屈折辞句があり，さらにその外側に，その文が平叙文か疑問文かなどといった文のタイプに関する情報を持つ補文標識句がくる，という構造になっている．以下に機能範疇の選択関係を整理しておく．

(16)　a.　D: [__ NP]　　b.　I: [__ VP]　　c.　C: [__ IP]

3.2　否　定　文

　(17) のような文否定の文 (文全体の命題を否定する文) では，助動詞の直後に not が現れる．

(17)　a.　She will not play the piano.
　　　b.　I can't remember it, Miss Ilisa.　　　（映画 *Casablanca*）

助動詞の直後にはある種の副詞も生起するので，not を副詞の一種とみなす分析がある．しかし，not は他の一般的な副詞とは性質が大きく異なる．たとえば (18) に示したように，語彙的助動詞を含まない否定文は，迂言的助動詞 (do) を義務的に必要とするが，(19) からわかるように，副詞は否定の意味のものであっても迂言的助動詞を必要としない．

(18)　a.　She did not play the piano.
　　　b.　*She not played the piano.
(19)　a.　She often played the piano.
　　　b.　She never played the piano.

　このような理由で，not を副詞と区別して，(20) のように否定辞句 (Negative Phrase: NegP) の主要部であるか，あるいは (21) のように，音形を持たない否定辞を主要部とする否定辞句の，指定部の位置に生起する要素である，とするのが一般的な分析である．

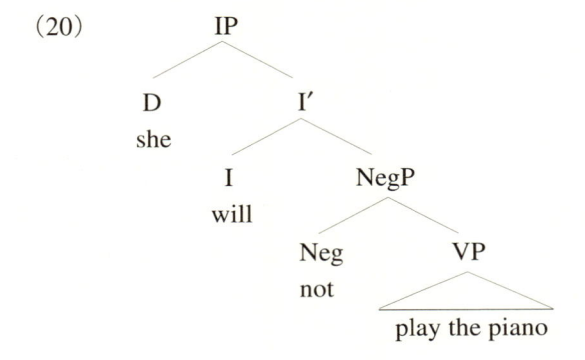

(20)
```
           IP
          /  \
         D    I'
         she  / \
             I   NegP
             will / \
                Neg  VP
                not  |
                   play the piano
```

(21)　[IP she [I' will [NegP not [Neg' Neg [VP play the piano]]]]]

　(20), (21)いずれの分析においても，notが屈折辞と動詞の間に位置する．前節で見たように，助動詞を含まない文においては，屈折辞の素性がそれと隣接する動詞とともに，1つの単語として発音される．2.6節のwanna縮約の議論のさいにふれたように，一般に，2つの独立した主要部が1つの音韻的単語として発音されるためには，両者が隣接している必要がある．しかし否定文では，屈折辞と動詞の間にnotが介在するため，屈折辞と動詞が隣接しておらず，1つの単語として発音することができない．そのままでは，接辞的な性質を持つ屈折辞が単独で取り残されて，非文になってしまう．これを救うために，迂言的助動詞doが屈折辞の位置に挿入される．これをdo挿入（do insertion）という．do挿入の結果，屈折辞の素性と挿入されたdoが，1つの音韻的単語として具現化する．

(22)　she [I past, 3rd, sg, fem] not play the piano.
　　　　　　↑
　　　　　do　　　　　　⇨　She did not play the piano.

　do挿入は，英語において，接辞的な屈折辞が動詞と隣接していない場合に一般的に用いられる操作である．たとえば，疑問文では(23a)のように主語と助動詞の語順が逆になる．詳しい分析は第5章で示すが，これは屈折辞が主語の前に移動するためである．

(23)　a.　[I Can]i she ti play the piano?
　　　b.　[I past, 3rd, sg, fem]i she ti play the piano?
　　　　　　↑
　　　　　do　　　　　　⇨　Did she play the piano?

助動詞のない文の屈折辞が文頭に移動すると，(23b)のように屈折辞と動詞の隣接性が崩れて，1つのまとまりとして発音できなくなるので，doが挿入される．(24)のように動詞句が文頭に移動した場合にも，同じ理由でdo挿入が行なわれる．

(24) a. [$_{VP}$ Play the piano]$_i$ she can t_i.
　　 b. [$_{VP}$ Play the piano]$_i$ she did t_i indeed.

　上でふれたように，副詞や副詞節などのような付加部が屈折辞と動詞の間に介在しても，do 挿入は起こらない（上記 (19) 参照）．これは，付加部が述語や項とは異なった性質を持っていることを示唆する，理論的に興味深い現象だが，本書ではこれ以上立ち入らない．

　Laka (1990) は，否定文の NegP に相当する範疇が肯定文にも存在するとし，それを ΣP と名づけた．すなわち，Laka によると，肯定文も否定文も次のような構造を持つ．

(25)　[$_{IP}$　I　[$_{\Sigma P}$　Σ　[$_{VP}$　V　]]]

Σ の位置に否定の Σ が現れた場合には否定文に，肯定の Σ が現れた場合には肯定文になる．さらに，Laka は，Σ の一種である強調の Σ は音韻的なストレスを持つため，これが現れた強調文では，屈折辞と動詞の音韻的な隣接性が妨げられて，(26) のように do 挿入が誘発される，としている．

(26)　She DID play the piano.

　本書では，とくに ΣP の存在が問題になる場合以外は，これを省略した構造を仮定して議論を進める．

3.3　Have と Be

　いわゆる相助動詞の have と be は，統語的に，助動詞と動詞の二面性を持つ．ここでは，これらをどのように分析すべきかを考察する．

　完了の have は，否定文において not に先行したり，疑問文で主語の前に生起するなど，助動詞と似た統語的振る舞いを示す．

(27) a.　We have read the book.
　　 b.　We have not read the book.
　　 c.　Have you read the book?

しかし一方で，完了の have は，助動詞よりも本動詞に近い性質もあわせ持つ．たとえば完了の have は，本動詞と同じように，3人称単数現在形の特別な活用形（has）を持つが，助動詞にはそのような活用形がない．また，助動詞は一般に他の助動詞と共起できないが，完了の have は本動詞同様，助動詞と共起できる．

(28) a. *We will can play the piano in three hours.
　　　　（*cf.* We will be able to play the piano in three hours.）
　　 b. We will have finished the book by then.

さらに，助動詞は不定詞節に生起できないが，完了の have や本動詞にはそのような制約はない．

(29) a. *Aaron is likely [to can play the piano].
　　 b. Aaron is likely [to have played the piano].
　　 c. Aaron is likely [to play the piano].

完了の have のこのような二面性は，次のように考えると説明がつく．すなわち，have は本来は動詞であり，動詞句の主要部として文に導入される．屈折辞が助動詞や不定詞節の to の場合には，have はそのままもとの位置にとどまる．

(30)
```
         IP
        /  \
       D    I'
       we  /  \
          I    VP
         will /  \
             V    VP
           have  /  \
              finished the book
```

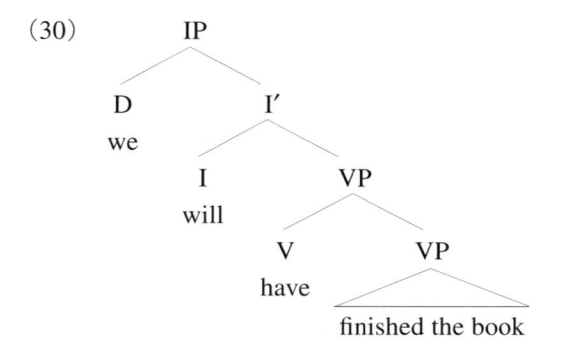

しかし，助動詞などが現れず，屈折辞が接辞的な時制素性と一致素性の束の場合には，(31)に示したように，have は動詞句の主要部の位置から，

統語的移動によって屈折辞の位置に繰り上がる．このような，主要部の主要部位置への移動を，主要部移動（head movement）という．

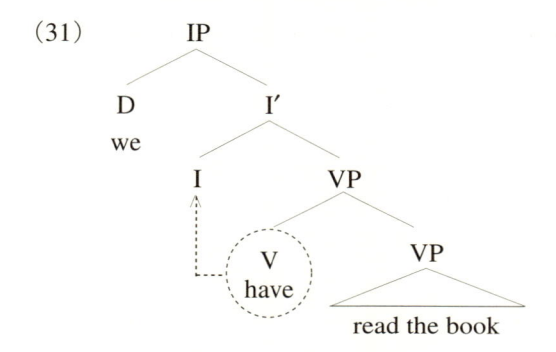

(31)

```
        IP
       /  \
      D    I'
      |   /  \
      we I    VP
         ↑   /  \
         V   VP
         have read the book
```

否定文の場合には，この移動の有無によって not と have の語順が入れ代わる．

(32) a. [IP We will [NegP not [VP have [VP finished the book by then]]]].
b. [IP We have$_i$ [NegP not [VP t_i [VP read the book]]]].

have は，いったん屈折辞の位置に移動した後は屈折辞の一部になるので，もともと屈折辞である助動詞と同じ統語的振る舞いをする．たとえば，疑問文で屈折辞が文頭に移動する場合には，have もいっしょに移動する．

このように，完了の have は動詞であるが，述語動詞と異なり，助動詞や屈折辞の to を含まない文では屈折辞の位置に移動すると考えると，have の動詞的な性質と助動詞的な性質の両方をうまく捉えることができる．

動詞と助動詞の二面性を持つのは，完了の have ばかりではない．進行形や受動文，形容詞文などに現れる be 動詞も，同じ性質を示す．

(33) a. Aaron is not playing the piano. （not に先行）
b. Is Aaron playing the piano? （主語との倒置）
c. Aaron is playing the piano. （3 単現のときだけの特別な活用形）

    d. Aaron must be playing the piano. （助動詞と共起）
    e. Aaron seems to be playing the piano. （不定詞節に生起）

このことは，完了の have と同様に，be 動詞も動詞句の主要部の位置から，場合によって屈折辞の位置に移動することを示している．
　以上をまとめると，次のようになる．

(34) a. 法助動詞と不定詞節の to: 初めから IP の主要部である．
     b. 相助動詞の have と be: 動詞句の主要部として文に導入され，法助動詞や不定詞節の to がない場合には，IP の主要部の位置に移動する．
     c. 述語動詞（本動詞）: 動詞句の主要部の位置から動かない．

ところで，一般に，主要部 X が別の主要部 Y の位置に移動した場合には，Y が 2 つの分節（segment）に分かれて (35b) のような構造になると言われている．このような分節構造を生みだすタイプの移動を，付加 (adjunction) という．付加によってできる構造も，2 項性や内心性といった統語構造の基本性質を満たしている．

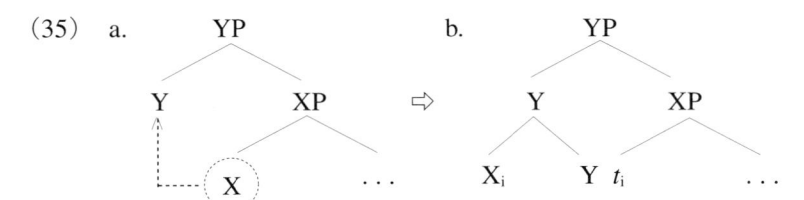

(35) a.
              YP
          Y   XP
                X   ...

⇨

     b.
              YP
       Y   XP
    X_i Y t_i ...

したがって，たとえば上記 (31) の have は屈折辞に付加して (36) のような構造になると考えられる．

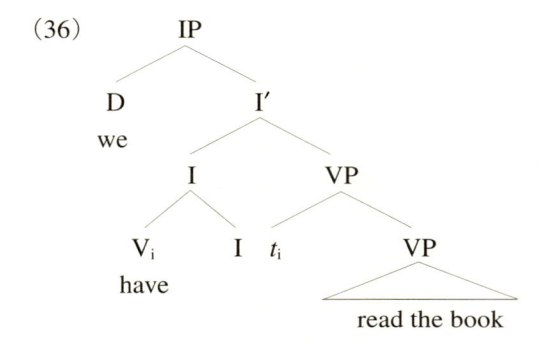

(36)
```
              IP
            /    \
           D      I'
           we    /  \
                I    VP
              / \   /  \
             Vᵢ  I tᵢ  VP
             have      read the book
```

3.4 格

　世界の多くの言語では，名詞や決定詞などが文中で担う機能によって，異なった形態に変化する．たとえば，ラテン語では，名詞が主語の場合は主格（nominative case）に語尾変化し，目的語の場合には対格（accusative case）に変化する．また，所有を表す表現は属格（genitive case）の形になる．

(37) a.　femina　　（主格: 女性が）
　　 b.　feminam　（対格: 女性を）
　　 c.　feminae　 （属格: 女性の）

ドイツ語では，決定詞（と一部の名詞）が格変化を示す．

(38)　<u>Der</u>　　　Mann　hat　<u>den</u>　　　Mann　gesehen.
　　　the（主格）man　has　the（対格）man　seen
　　　'The man has seen the man.'

日本語では，主格の決定詞句には格助詞「が」が，対格の決定詞句には格助詞「を」が，そして属格の決定詞句には格助詞「の」がつく．

(39)　清巳<u>が</u>　雅美<u>の</u>　リンゴ<u>を</u>　食べた．

このように，格は決定詞句一般の性質であり，決定詞句を構成する決定詞や名詞などに形態的に具現化するが，具現の仕方は言語によって異なる．

英語の決定詞句も格を持っていると考えられるが，代名詞以外はほとんど形態的な格変化を示さない．属格の場合に，John's book の John's のように，'s がつくのが唯一の形態的な表れである．

伝統的に格（case）という用語は，形態的な変化をさすのに用いられてきたので，これと区別して，英語のように必ずしも形態的な変化をともなわない場合も含めた格の概念をさす場合には，抽象格（abstract Case）という用語を使うことがある．抽象格は，大文字の C を用いて abstract Case，または単に Case と書く．とくにことわらない限り，本書で格という場合は抽象格をさす．

上でもふれたように，決定詞句の持つ格の種類は，統語的環境によって決まる．主語の位置(時制を持つ屈折辞の指定部の位置)に現れた決定詞句は，屈折辞によって主格素性（nominative Case feature: Nom）を付与（assign）される．他動詞の目的語の位置に現れた決定詞句は，他動詞によって対格素性（accusative Case feature: Acc）を付与される．同じ英語の 3 人称単数男性の代名詞でも，主格素性を付与された場合には he と，対格素性を付与された場合には him と格変化する．

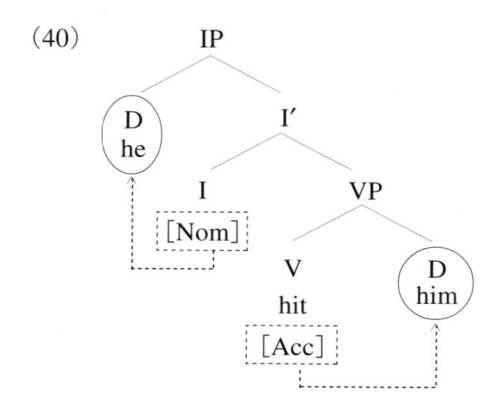

(40)

```
        IP
       /  \
      D    I'
      he  /  \
         I    VP
        [Nom] / \
             V   D
             hit him
            [Acc]
```

前置詞の目的語の位置に現れた決定詞句は，前置詞から斜格素性（oblique Case feature: Obl）を付与される．英語では，他動詞の目的語の位置に現れた代名詞と，前置詞の目的語の位置に現れた代名詞の形態が同じなの

で，対格と斜格を区別せず，目的格（objective Case）と呼ぶこともある．his sister / John's sister / the man's sister の his / John's / the man's のように，決定詞句の指定部の位置に現れた決定詞(句)は，(41a)に示したように，音形のない属格決定詞から属格素性（genitive Case feature: Gen）を付与される．(41b)のように，'s が属格を付与する決定詞であるとする分析もある．

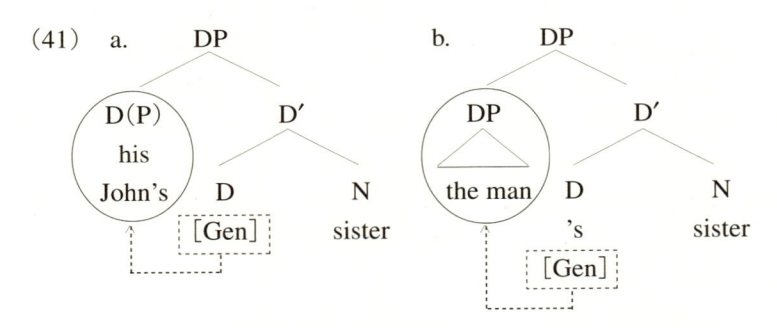

(41) a.
```
        DP
       /  \
     D(P)   D'
     his   / \
   John's D   N
        [Gen] sister
```
b.
```
        DP
       /  \
      DP    D'
     /\    / \
  the man D   N
         's  sister
        [Gen]
```

　格は決定詞句にとって，文法上必須の素性であり，格付与を受けられない決定詞句を含む言語表現は，非文法的になる．これを定めた文法原理を，格フィルター（Case Filter）という．

(42)　格フィルター：決定詞句は格を持たねばならない．

たとえば，名詞や形容詞には格付与能力がないので，これらの補部に決定詞句がそのまま生起すると，格フィルターの違反で非文法的になる（(43b, c)）．

(43)　a ．　Aaron envies Becky.　　　　（envy 動詞）
　　　b ．　*Aaron is envious Becky.　　（envious 形容詞）
　　　b'．　Aaron is envious of Becky.　（envious 形容詞）
　　　c ．　*Aaron's envy Becky　　　　（envy 名詞）
　　　c'．　Aaron's envy of Becky　　　 （envy 名詞）

英語では，(43b, c) のような表現を救うために，(43b', c') のように，格

付与能力を持つ前置詞の of が挿入される．これを of 挿入（of insertion）という．

　上では，Chomsky (1981) にしたがって，決定詞(句)が初めは格素性を持っておらず，屈折辞や他動詞などから格素性を「付与」される，という説に基づいた説明を行なった．しかし，最近のミニマリスト・プログラムでは，決定詞(句)が初めから（値の決まっていない）格素性を持って文に導入されるという説が提案され，その妥当性の検証が進められている（Chomsky 1999, 2000）．この説によると，決定詞(句)の格素性は，屈折辞の一致素性と同様に初めは値が決まっておらず，他動詞や屈折辞など，格素性の値を決定する能力を持った要素と「一致」することによって，値が設定される（⇒ 3.1.2）．この場合，前述の格フィルターは，「決定詞句は値の設定された格素性を持たねばならない」という内容になるであろう．格を付与するという説と，格素性の値を決定するという説は，どちらもその背後にある基本的な考え方(発想)が同じであり，また，本書で扱うデータの範囲内では，経験的にもほぼ同じ予測をする．したがって，本書では便宜上，仕組みがより単純でわかりやすい格付与説に基づいて議論を進める．

3.5　受　動　文

　(44a) のような能動文（active sentence）に対して，(44b, c) のように述語部分が「be 動詞 + 過去分詞」の形をした文を，受動文（passive sentence）という．

(44)　a.　Aaron helped the children.
　　　b.　The children were helped (by Aaron).
　　　c.　Becky is unknown to young people.

受動文には，(44b) のように，過去分詞が動詞の性質を持つ動詞的受動文（verbal passive）と，(44c) のように，過去分詞が形容詞の性質を持つ形容詞的受動文（adjectival passive）がある．この節では，動詞的受動文を分析する．形容詞的受動文については，本シリーズの第 8 巻『機能

範疇』，第 16 巻『語の仕組みと語形成』などを参照されたい．
　さて，(44b) の受動文には，(44a) の能動文とくらべて，次のような特徴がある．

(45) a. 動詞が受動分詞（passive participle）（または過去分詞（past participle））になり，be 動詞をともなっている．
　　 b. 能動文の主語に対応する要素が，受動文では随意的な付加部（by 句）になっている．
　　 c. 能動文の目的語に対応する要素が，受動文では主語になっている．

(44b) の受動文の表面上の主語 the children は，動詞の目的語として解釈される（(45c)）ことからもわかるように，もともと動詞の内項であり，それが主語の位置に移動したものである．したがって，(44b) は概略 (46) のような構造をしている（be 動詞の移動については 3.3 節参照）．

(46)　[$_{IP}$ [the children]$_i$ [$_{I'}$ were$_j$ [$_{VP}$ t_j [$_{VP}$ helped t_i]]]]

主語位置や目的語位置などのように，項が典型的に生起する位置を，項位置または A 位置（argument position: A-position）といい，(46) の the children の移動のような，A 位置への移動を，A 移動（A-movement）という．
　Chomsky (1981) は，受動文がこのような性質を持つのは，他動詞が受動分詞になると，外項の θ 役割と対格を付与する能力を失うためであるとしている．受動文では，外項の θ 役割がないので，外項が主語位置に生起することはない．さらに，内項は受動分詞の補部の位置では格の付与を受けられないので，格フィルターの要請を満たすために，主語位置（IP の指定部）に移動して屈折辞から主格の付与を受ける．
　Jaeggli (1986) や Baker, Johnson and Roberts (1989) は，さらに，（他動詞と結合して受動分詞を形成する）受動形態素 -en が一種の項であり，他動詞の外項の θ 役割と対格素性を吸収する（付与される）という分析を提案している．

（44b）のような受動文では，目的語が元位置にとどまっていると格フィルターに違反し，（47a）のように非文法的になる．しかし（47b）のように，内項が節である場合には格を必要としないので，移動する必要がない．ただし，英語には，意味的に主語が必要でない場合にも主語の位置を埋めなければならない，という性質があるので，主語の位置に仮主語（虚辞）の it が義務的に挿入される（(47b, c) を比較）．

(47) a. *It was helped the children.
b. It was widely believed [that Aaron speaks Chinese].
c. *Was widely believed [that Aaron speaks Chinese].

このように，主語の位置に it を義務的に必要とすることは，理論的には，英語の屈折辞が，指定部に決定詞（句）を必要とする形態的特性（EPP 素性（EPP-feature）と呼ばれる）を持っているからであると考えられている．この観点からすると，(46) の the children の移動は，the children 自身の格素性を確保するだけでなく，指定部に D(P) を必要とするという屈折辞の要請をも満たすという，2つの役割を果たしていることになる．現在のミニマリスト・プログラムでは，統語的移動は一般に，形態的特性を満たすなど，なんらかの目的がある場合にのみ可能であると考えられている．これを最終手段の原理（Last Resort Principle）という．

3.6 補文の構造

ここまで，主に単文（simple sentence）の構造を見てきたが，本節では(48)のように，文の中にもう1つ別の文が埋め込まれている複文（complex sentence）の構造を分析する．

(48) We believe *that he must be very patient.*

この文の斜体部分のように，文の中に埋め込まれた文を補文（complement clause），または埋め込み文（embedded clause）と呼ぶ．(48) 全体のように，埋め込んでいる側の文を主文（main clause, matrix clause）という．文（sentence）という用語を主文をさす場合にだけ用い，主文であ

るか補文であるかにかかわらず広い意味での文を指す場合には，節 (clause) という用語を用いることもある．

補文にもさまざまな種類のものがあるが，ここでは，代表的な5種類の補文の構造を概観する．補文全般のより詳しい分析については，本シリーズの第4巻『補文構造』を参照されたい．

3.6.1 定 形 節

3.1.2 節でふれたように，一般に補文標識 C は IP を補部にとる．したがって，たとえば (49) の主文の動詞句以下は，(50) のような構造を持つ．

(49)　We believe [that he must be very patient].
(50)
```
                VP
               /  \
              V    CP
           believe / \
                  C   IP
                 that / \
                     D   I'
                     he / \
                       I   VP
                      must be very patient
```

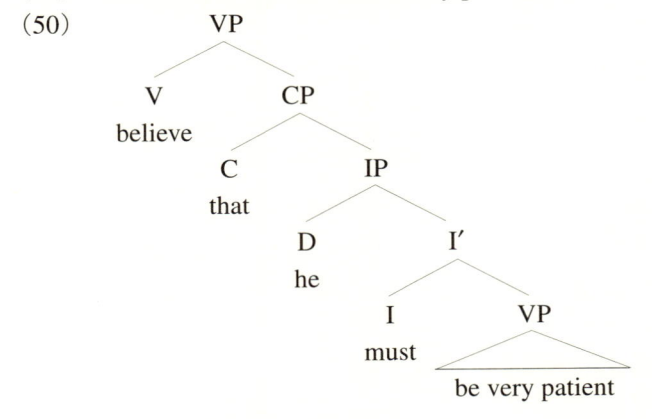

(49) のように，補文が時制を持つ定形の平叙文の場合，that が補文標識として用いられる．定形の間接疑問文を導く補文標識は，if または whether である．

(51)　a.　I wonder [$_{CP}$ if [$_{IP}$ he can play the piano]].
　　　b.　I wonder [$_{CP}$ whether [$_{IP}$ he can play the piano (or not)]].

3.6.2 **For to** 不定詞節

不定詞節を導く補文標識は，for である．2.2 節で述べたように，不定詞節の屈折辞は to なので，たとえば (52a) の補文は (53) のような構造を持つ．

(52) a. We asked [for him to be very patient].
      b. It might be a good idea [for you to disappear from Casablanca for a while]. （映画 *Casablanca*）

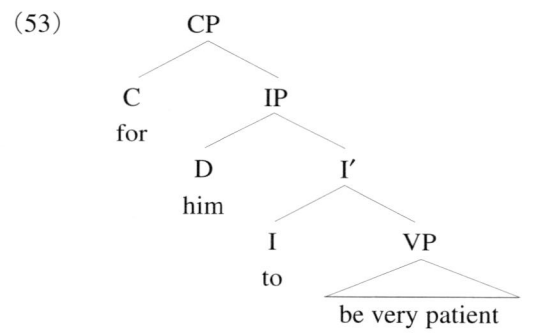

(53)
```
         CP
        /  \
       C    IP
       for  / \
           D   I'
           him / \
              I   VP
              to  /\
                 be very patient
```

定形節の屈折辞と異なり，不定詞節の屈折辞 to には格付与能力がなく，補文の主語に格を付与できない．(52) のような for to 不定詞節 (for-to infinitive) では，補文標識 for が主語に目的格を付与する．

3.6.3 例外的格付与構文

不定詞節に補文標識がない (54) のような文があるが，このような不定詞節は (55) のような構造を持ち，補文主語は主文動詞から目的格を付与される．

(54) a. We believe him to be very patient.
      b. Becky expected Aaron to play the piano.

(55)
```
         VP
        /  \
       V    IP
    believe / \
           D   I'
          him / \
             I   VP
             to  / \
              be very patient
```

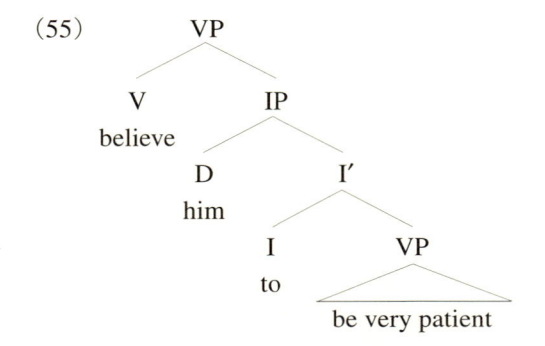

　他動詞は，通常，補部に格を付与するが(上記(40)参照)，(54)では補部の指定部の要素に格を付与している点で，例外的である．このような格付与を例外的格付与 (Exceptional Case Marking: ECM) と呼び，例外的格付与を含む (54) のような構文を，例外的格付与構文 (ECM construction) と呼ぶ．前節で見た for to 不定詞節も，for が，補部ではなく補部の指定部の要素に対して格を付与するので，構造上は，例外的格付与構文の一種であるといえる．

　例外的格付与構文の補文主語は，主文動詞から格を付与されるので，主文動詞が受動化されて格付与能力を失うと，そのままでは格フィルターに抵触し，(56a) のように非文になる．そのため(他動詞の目的語が受動文で主語の位置に移動するのと同じように)，補文主語は (56b) のように主文の主語の位置に移動し，主文の屈折辞から格付与を受ける．このような移動を，繰り上げ (Raising) という．

(56)　a.　*It is believed [him to be very patient].
　　　b.　He$_i$ is believed [t_i to be very patient].
　　　c.　It is believed [that he is very patient].
　　　d.　It is preferred [for Bill to take part].

ちなみに，(56c, d) のように，補文主語が補文内で格を付与される場合には，補文の主語が主文主語位置に動く必要はない．

3.6.4 繰り上げ構文

不定詞節の IP を補文にとる述語が，格付与能力を持たない自動詞や形容詞などである場合には，補文主語が元位置にとどまっていると，格フィルターの違反になり，(57a) や (58a) のように非文になる．そのため，この種の文の補文主語は，(56b) の例外的格付与構文の受動文の場合と同じように，主文主語位置へ繰り上がる．

(57) a. *It seems [$_{IP}$ Aaron to be very patient].
　　　b. Aaron$_i$ seems [$_{IP}$ t_i to be very patient].
(58) a. *It is likely [$_{IP}$ Becky to play the piano].
　　　b. Becky$_i$ is likely [$_{IP}$ t_i to play the piano].

(57b) や (58b) のような構文を，繰り上げ構文 (raising construction) という．

繰り上げ構文の表面上の主文主語が，主文述語の項ではなく補文述語の項であることは，(57b), (58b) がそれぞれ (59a), (59b) と同じ命題を表していることからもわかる．

(59) a. It seems [that Aaron is very patient].
　　　b. It is likely [that Becky will play the paino].

3.6.5 コントロール構文

(60) の文は，見かけ上は繰り上げ構文と似ているが，表面上の主文主語が補文述語の項としてだけでなく，主文述語の項としても解釈されるという点で，繰り上げ構文と異なっている．

(60) a. Aaron tried [to be very patient].
　　　b. Becky has promised [to play the piano].

たとえば，(60b) では，Becky が play の動作主であると同時に，promise の動作主でもある．

繰り上げ構文では，主文の主語の位置に虚辞の there やイディオムの一部が生起できるが ((61))，(60) のタイプの文の主語の位置には，この

ような要素が生起できない（(62)）. 虚辞やイディオムの断片は，その意味特性上，主文述語のθ役割を担えないからである.

(61) a. *There* seems to be someone in the kitchen.
　　 b. *The cat* seems to *be out of the bag.* (the cat is out of the bag ＝「秘密が漏れた」という意味のイディオム)
(62) a. **There* has promised to be someone in the kitchen.
　　 b. **The cat* has promised to *be out of the bag.*（イディオムとしての解釈はない）

このように，(60)の主語は，主文と補文両方の主語として解釈される．しかし，主文主語位置の決定詞句が，主文述語と補文述語の両方からθ役割を付与されているとすると，項と意味役割の1対1対応を定めているθ基準に違反することになる（⇒ 2.4）．そのため，このような文は通常，主文主語位置にある要素は主文の項で，補文内にはこれとは別に，音形を持たない代名詞的要素（PRO）があり，これが補文の主語になっている，と分析されている.

(63) a. Aaron$_i$ tried [PRO$_i$ to be very patient].
　　 b. Becky$_i$ has promised [PRO$_i$ to play the piano].

(63)のPROは，主文主語と同じ指示対象を持つと解釈される．このような場合，PROが主文主語にコントロール（control）されているといい，主文主語をPROのコントローラー（controller）という．コントロールを含む構文を，コントロール構文（control construction）という．コントロール構文に生起する屈折辞 to は，繰り上げ構文や例外的格付与構文の to と異なり，その指定部の主語に，空格（null Case）と呼ばれる特別な種類の格を付与すると考えられている．空格は PRO にだけ与えられる格で，通常の音形を持つ決定詞句に空格が与えられると，非文法的な表現になる.

(63)では，PROが主語にコントロールされている（主語コントロール構文）が，(64)のように，PROが目的語にコントロールされることもあ

る（目的語コントロール構文）．

(64) a. We told him_i [PRO_i to be very patient].
b. Becky forced Aaron_i [PRO_i to play the piano].

目的語コントロール構文は，表面的な単語の配列が例外的格付与構文と同じである．しかし，動詞の直後の決定詞句が，例外的格付与構文では補文の主語であるのに対して，目的語コントロール構文では，主文動詞の目的語であるという違いがある．そのため，例外的格付与構文では主文動詞の後ろに，虚辞の there やイディオムの構成要素が生起できるが，目的語コントロール構文では，これらが生起できない．

(65) a. We expected *there* to be someone in the kitchen.
b. Becky expected *the cat* to *be out of the bag*.
(66) a. *We forced *there* to be someone in the kitchen.
b. *Becky expected *the cat* to *be out of the bag*. （イディオムの解釈なし）

(65), (66) の，例外的格付与構文と目的語コントロール構文の対照は，(61), (62) の，繰り上げ構文と主語コントロール構文の対照と，平行的である．

PRO は，(67) のようにコントローラーを持たず，総称的，恣意的な解釈を受ける場合もある．

(67) It would be nice [PRO to have a family].

このような，コントロールされない PRO を，恣意的な PRO (arbitrary PRO) という．

3.7 言語間変異

本書の主たる分析対象は英語の文であるが，英語の特徴をよりよく理解するために，この節では英語と他言語の比較対照を行なう．2.1 節で述べたように，個別言語の文法は，すべての言語に共通の普遍的な文法原理

と，言語により値の異なる少数のパラメータとから構成されていると考えられる．ここでは，そのパラメータの中から，主要部の語順に関係するものを取り上げて，パラメータ値の違いが言語にどのような影響を与えるかを，ごく簡単に観察する．より詳しくは，第 7 章および本シリーズの第 13 巻『英語から日本語を見る』などを参照されたい．

3.7.1 主要部パラメータ

句の主要部が，補部に先行するか後続するかを決定するパラメータを，主要部パラメータ (Head Parameter) という．英語では主要部パラメータの値が，「主要部先頭」(head initial) に設定されており，すべての句の主要部が補部の前に現れる．これに対して，日本語では主要部パラメータの値が，「主要部末尾」(head final) に設定されており，句の主要部が補部の後ろに現れる．たとえば，英語では [$_{PP}$ from Tokyo] のように側置詞 (adposition) が補部の前に現れ，前置詞 (preposition) と呼ばれるが，日本語では側置詞が [$_{PP}$ 東京 から] のように補部の後ろに現れ，後置詞 (postposition) と呼ばれる．(68) からわかるように，日英語の文の構造は，指定部の位置((68) では主語の位置) を除けば鏡像関係にある．指定部は両言語とも，句の左端に現れる．

(68) a. 英語:「主要部先頭」

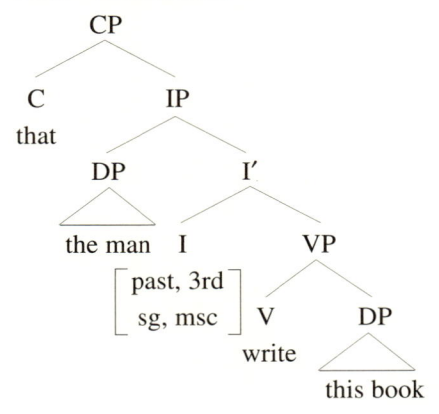

```
                    CP
                   /  \
                  C    IP
                  |   /  \
                that DP    I'
                     |    /  \
                  the man I    VP
                        ┌─────┐  /  \
                        │past,3rd│ V   DP
                        │sg, msc │ |    |
                        └─────┘ write this book
```

b. 日本語:「主要部末尾」

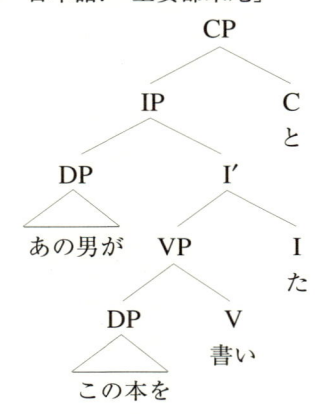

```
         CP
        /  \
       IP   C
      /  \  と
     DP   I'
    あの男が / \
         VP   I
        /  \  た
       DP   V
     この本を 書い
```

3.7.2 主要部移動

2つの言語が同じ主要部パラメータの値を持っていても，主要部の移動の有無によって，語順が変わることがある．たとえば，英語とフランス語は，ともに主要部パラメータの値が「主要部先頭」に設定されており，SVO（主語・動詞・目的語）の基本語順を持つ．

(69) a. John kisses Mary.
　　 b. Jean embrasse Marie.

しかし，英語の述語動詞はつねに動詞句の主要部の位置にあるが，フランス語の動詞は屈折辞の位置へ移動するため，副詞や否定辞と動詞との相対的な語順が，英語とフランス語とでは異なっている．

(70) a. 英語:　　　　[$_{IP}$ S INFL [Neg / Adv [$_{VP}$ V O]]]
　　 b. フランス語: [$_{IP}$ S V$_i$-INFL [Neg / Adv [$_{VP}$ t_i O]]]
　　　　　　　　　　　　　↑_____|

(71) a. John often kisses Mary.
　　 b. *John kisses often Mary.
(72) a. *Jean souvent embrasse Marie.
　　　　　　　 often   kiss

b.   Jean embrasse souvent Marie.
                      kiss   often
(73) a.   John does not eat chocolate.
      b.   *John eats not chocholate.
(74) a.   *Jean (ne) pas mange de chocolat.
                     not eat   chocolate
      b.   Jean (ne) mange pas de chocolat.
                    eat   not   chocolate

　英語とフランス語における動詞の移動の有無は，両言語の屈折辞の性質の違いに起因するものと考えられている．すなわち，フランス語の屈折辞は動詞を牽引する性質を持つが，英語の屈折辞はそのような性質を持たない．これも一種のパラメータであると言える．現在のミニマリスト・プログラムでは，主要部パラメータのような「大きな」パラメータよりも，むしろ，このような語彙項目（とくに機能範疇の項目）の性質に還元できる「小さな」パラメータが有力視されている．これについては，第7章でふたたび取り上げる．

　動詞が屈折辞の位置に移動するだけでなく，さらに屈折辞と動詞がいっしょに，補文標識の位置まで移動する言語もある．たとえば，(75a) のウェールズ語の文は，概略 (75b) のような構造を持つと考えられる．

(75) a.   Ddarllenodd Emrys mo'r llyfr.
           read   not   the book
           'Emrys hasn't read the book.'
      b.   [$_{CP}$ read-I-C [$_{IP}$ Emrys t_I [$_{NegP}$ mo'r [$_{VP}$ t_V llyfr]]]]

すなわち，ウェールズ語では，屈折辞が動詞を牽引する性質を持ち，さらに，補文標識が屈折辞を牽引する性質を持つと考えられる．助動詞を含む文では，動詞が動詞句内部のもとの位置にとどまり，助動詞が補文標識の位置に移動する．

(76)　a.　助動詞のない文
　　　　　[CP Gwelodd [IP Siôn t_I [VP t_V draig]]]
　　　　　　　saw　　　　　　　　　　　　dragon
　　　　　'Siôn saw a dragon.'
　　　b.　助動詞のある文
　　　　　[CP Gwnaeth [IP Siôn t_I [VP weld draig]]]
　　　　　　　did　　　　　　　　　　　see　dragon
　　　　　'Siôn saw a dragon.'

前述したように，現代英語の屈折辞は，述語動詞を牽引する性質を持たない．しかし，現代英語でも，疑問文の補文標識は屈折辞を牽引する性質を持つので，疑問文では，助動詞（屈折辞）が主語の前に移動する．詳しくは第5章を参照のこと．

第4章　平叙文のより詳しい分析

　第3章での議論をふまえて，この章では平叙文の構造をさらに詳しく分析する．

4.1　非対格仮説

4.1.1　非能格動詞と非対格動詞

　第3章では，主に(1)のような他動詞文の統語構造を考察したが，この節では，(2)や(3)のような自動詞文の構造について考える．

(1) a. The boy kicked the ball.
　　b. The student opened the door.
(2) a. The student talked.
　　b. They worked.
(3) a. The ship appeared.
　　b. The door opened.

　項の意味役割に着目すると，自動詞文には，その主語が他動詞文の主語に対応する意味役割を担うものと，その主語が他動詞文の目的語に対応する意味役割を担うものとがある．たとえば，(1)の典型的な他動詞文の場合，主語と目的語はそれぞれ「動作主」と「対象」として解釈されるが，(2)の自動詞文の主語は「動作主」，(3)の自動詞文の主語は「対象」の解釈を受ける．すなわち自動詞には，その項が，意味解釈上，他動詞の外項に対応しているものと，他動詞の内項に対応しているものとがある．前者を非能格動詞（unergative verb），後者を非対格動詞（unaccusative verb）という．非対格動詞の中には，open のように，対応する他動詞用法を持つものがある（(1b)/(3b)）．このような動詞を能格動詞（ergative verb）という（ただし能格動詞という用語は，非対格動詞と同じ意味で使われることもある）．能格動詞の場合，自動詞用法の主語が意味的に他動詞用法の目的語と対応していることが，はっきりわかる．

　このような，非能格動詞の主語と非対格動詞の主語の意味解釈上の違いが，そのまま統語構造にも反映されているという考えを，非対格仮説（Unaccusative Hypothesis）という（Perlmutter and Postal 1984; Burzio 1986）．非対格仮説によると，非能格動詞文と非対格動詞文は，それぞれ次のような構造を持つ．

（４）　非能格動詞文の構造

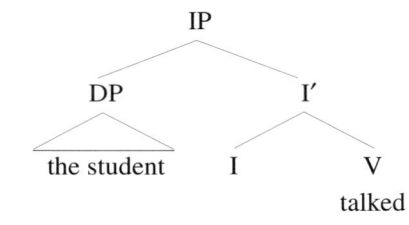

```
          IP
         /  \
        DP   I'
        |   / \
   the student I  V
                  |
                talked
```

（５）　非対格動詞文の構造

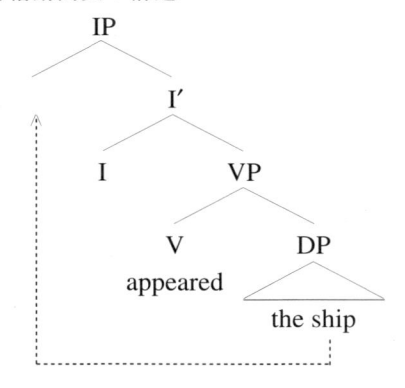

```
          IP
           \
            I'
           /  \
          I    VP
              /  \
             V    DP
             |    |
          appeared the ship
```

非能格動詞文の主語は外項で，初めから主語の位置に生起するが，非対格動詞文の表面上の主語は内項であり，初めは動詞句の内部に現れる．英語

では，通常，非対格動詞の内項は動詞句内部から主語の位置に移動する．そのため，表面上の単語の配列からは，非能格動詞と非対格動詞の区別がつかない．

Perlmutter and Postal (1984) によると，意図的な動作を表す動詞や，生理現象を表す動詞が，非能格動詞のグループに属する．これらは，主語に動作主または経験者という意味役割を付与する動詞である．

（6） 非能格動詞
    a. 意図的動作を表す動詞：dance, jump, laugh, play, swim, smile, talk, work, walk, etc.
    b. 生理現象を表す動詞：breathe, cough, cry, hiccup, sleep, sneeze, urinate, vomit, etc.

これに対して，対象の状態変化を表す動詞や，存在・出現を表す動詞など，広い意味での「対象」という意味役割を主語に付与する動詞が，非対格動詞の仲間である．

（7） 非対格動詞
    a. 状態変化を表す動詞：break, burn, die, fall, float, freeze, melt, open, sink, slide, etc.
    b. 存在，出現，継続を表す動詞：appear, come, develop, exist, happen, occur, remain, etc.
    c. 五感に作用する非意図的な現象を表す動詞：crackle, glitter, glow, jingle, shine, smell, sparkle, stink, etc.
    d. アスペクト動詞：begin, cease, continue, start, stop, end, etc.

以下，これら2種類の動詞が，(4), (5)に示したように異なった統語構造を投射することを示唆する現象を，いくつか検討する．

4.1.2 There 構文

いわゆる there 構文 (*there* construction) には，be 動詞のほかに存在や出現を表す動詞が用いられるが，これらはすべて非対格動詞である((8)

はいずれも Levin (1993, 88–89) より）．

(8) a. There is a flowering plant on the windowsill.
   b. There appeared a ship on the horizon.
   c. There developed a problem.

　この構文では，動詞の項が動詞句内部のいわゆる目的語の位置に現れている．この事実は，非対格動詞の項が内項であるとする (5) のような分析を支持する．

　外項を必要とする非能格動詞 ((9)) や他動詞 ((10)) は，there 構文に生起できない．

(9) a. *There talked a student.
　 b. *There coughed a baby.
(10) a. *There opened a student a door.
　　 b. *There kicked an athlete a ball.

ただし，there 構文には厳しい意味的制限があり，(11) に示すように，非対格動詞でも存在や出現を表すもの以外はこの構文に生起できないので，(9), (10) の容認不可能性が純粋に統語的なものであるとは言えない．

(11) a. *There melted a lot of snow on the streets of Chicago.
　　　　　　　　　　　　　　　　　　　　　　(Levin 1993, 90)
　　 b. *There stopped a bus at the gate.

4.1.3　結 果 構 文

　非能格動詞の項が外項で，非対格動詞の項が内項であることをもっとも端的に示すのは，結果構文 (resultative construction) である．結果構文とは，動作によって生じた状態変化の過程とその結果を表す，(12) のような構文である．（結果を表す表現（結果述語 (resultative predicate)）を下線で，それによって描写される要素を二重下線で示す．）

(12) a. Woolite safely soaks <u>all your fine washables</u> <u>clean</u>.
　　　　　　　　　　　　　(Levin and Rappaport Hovav 1995, 34)

b.　Jasmine pushed the door open.　　（Levin 1993, 100）
　　　c.　Aaron painted the wall blue.

結果構文では，結果述語で描写される要素は内項でなければならず，外項を描写するような解釈をすると容認不可能になる．

（13）a.　*Polly cooked the cookies dirty.　（Levin 1993, 100）
　　　b.　*Aaron painted the wall blue.

受動文の主語は内項なので，結果述語で描写できる（⇒ 3.5）．

（14）a.　All your fine washables were soaked clean.
　　　b.　The door was pushed open.

さて，自動詞の場合，非対格動詞の主語は結果述語で描写できるが（(15)），非能格動詞の主語は結果述語で描写できない（(16)）（(15) は Levin (1993, 100) より）．

（15）a.　The river froze solid.
　　　b.　The door slid shut.
（16）a.　*Becky talked hoarse.
　　　b.　*Becky worked exhausted.

つまり，結果述語で描写できるかどうかという点において，非能格動詞の項は他動詞の主語（外項）と，非対格動詞の項は他動詞の目的語（内項）と，それぞれ同じ振る舞いをする．このことは，非能格動詞の項が外項で，非対格動詞の項が内項であることを示している．

ちなみに，日本語の結果構文でもほぼ同様のことが言える．

（17）a.　清巳が 壁を 青く 塗った．　　（他動詞の目的語）
　　　b.　*清巳が 壁を くたくたに 塗った．（他動詞の主語）
　　　c.　川が かちかちに 凍った．　　　（非対格動詞の項）
　　　d.　*清巳が くたくたに 働いた　　　（非能格動詞の項）

4.1.4　過去分詞の形容詞的用法

動詞の過去分詞が形容詞のように直接名詞を修飾する用法を，過去分詞の形容詞的用法という．(18)に示すように，他動詞の過去分詞に修飾される名詞は，その動詞の内項に対応する解釈を受ける．

(18) a. baked potatoes
b. a badly written letter
(Levin and Rappaport Hovav 1995, 11)

(19)に示すように，外項に対応する解釈は許されない．

(19) a. *a baked cook (a cook who baked something という解釈はない)
b. *a badly written author

すなわち，一般に，形容詞的用法の過去分詞(=受動形容詞)は，内項に対応する名詞を修飾する用法は持つが，外項に対応する名詞を修飾する用法は持たない．

非対格動詞の過去分詞は受動形容詞になれるが((20))，非能格動詞はなれない((21))．

(20) a. fallen leaves
b. a recently appeared book
(Levin and Rappaport Hovav 1995, 11)
(21) a. *talked professors
b. *a hard-worked lawyer　　　　　(*ibid.*)

この(20)と(21)の対比は，一見すると，なぜこうなるのかわからない不思議な現象だが，非対格仮説を仮定すると，(18)と(19)の対比と統一的に説明できる．すなわち，非対格動詞は内項を取るので，(20)のように非対格動詞が受動形容詞になった場合，(18)の他動詞の場合と同様に，内項に対応する名詞を修飾する解釈が可能であり，したがって文法的な表現になる．一方，非能格動詞は内項を取らないので，(21)のように非能格動詞が受動形容詞になった場合は，内項に対応する名詞を修飾する

解釈が得られず，また，(19)に示したように受動形容詞は外項に対応する名詞を修飾する用法を持たないので，結局，非文法的な表現になってしまう．

4.1.5 幼児英語

英語を獲得中の幼児の発話には，大人の発話に見られない「動詞・主語」という語順の発話が含まれている ((22) は Déprez and Pierce (1993, 43) より)．

(22) a. Come car.
     b. Fall pants.

Pierce (1992) によると，この語順の発話に現れる動詞のほとんどが，非対格動詞である．このことは，幼児英語において，非対格動詞の内項がなんらかの理由で IP の指定部の位置に移動しなかった場合に (22) のような語順になる，と考えると説明がつく．非能格動詞や他動詞の主語は外項で，もともと動詞よりも前にあるため，「動詞・主語」の語順になることはない．この分析が正しいとすると，幼児英語の「動詞・主語」語順の発話は，there 構文と並んで，非対格動詞の主語が動詞句内部の内項本来の位置にあるのを，直接観察できる貴重な証拠になる．

以上，非対格仮説を支持する現象として，there 構文，結果構文，受動形容詞，および幼児英語の「動詞・主語」語順の発話を考察した．

4.2 動詞句内主語仮説

伝統的に，外項は内項と異なり動詞句の外部に生起する，と考えられてきた．この分析は，英語母語話者の直感と一致し，また数多くの経験的な裏づけがある(本書でもこれまでにその一部を見てきた)．ところが，1980 年代の半ばに，実は外項も動詞句内部に生起し，言語によってはそこから動詞句外部に移動するという仮説が提案された．この考えを，動詞句内主語仮説 (VP-internal Subject Hypothesis)，または単に内主語仮説 (Internal Subject Hypothesis) という (Fukui 1986; Fukui and Speas 1986; Speas

1987; Kitagawa 1986; Koopman and Sportiche 1991; Kuroda 1988, etc.）．

(23) （動詞句）内主語仮説：述語の項は，いわゆる外項も含めて，すべてその述語の投射内に生起する．

動詞句内主語仮説によると，たとえば英語他動詞文の外項は，まず動詞句の指定部の位置に導入され，そこから表面上の主語の位置(すなわち，IP の指定部の位置)に移動する．

(24) [$_{IP}$ [the student]$_i$ [$_{I'}$ I [$_{VP}$ t_i [$_{V'}$ hit the ball]]]]

動詞句内主語仮説に対して，外項は初めから動詞句外部にあるとする従来の考え方を，本書では便宜上，動詞句外主語仮説と呼ぶことにする．
　動詞句内主語仮説を支持すると思われる現象が，これまでに多数発見されているが，ここではその中から 3 つ紹介する．

4.2.1　遊離数量詞
　まず 1 つ目は，遊離数量詞の分布に関するものである．主語を修飾する数量詞は，(25a) の all のように主語の一部として現れる場合と，(25b) のように，主語から離れた位置に生起する場合とがある．

(25)　a.　*All* the children will see this movie.
　　　b.　The children will *all* see this movie.

(25b) の all のように，被修飾要素から離れた位置に生起している数量詞を，遊離数量詞 (floating quantifier) という．主語(外項)を修飾する遊離数量詞の生起位置は，主語と動詞の間に限られ，(26) のように主語の前や動詞の後ろに遊離数量詞が現れると，非文になる．

(26)　a.　*All probably the children will see this movie.
　　　b.　*The children will see this movie *all*.

Sportiche (1988) は，動詞句内主語仮説を仮定すると，遊離数量詞の

振る舞いに原理的な説明を与えることができるとして，次のような分析を提案している．すなわち，主語を修飾する数量詞は，(27)のように，初めは必ず主語の一部として動詞句内部に現れる．そこから，主語全体がIPの指定部の位置に移動すると，(28a)のような文になり，数量詞を残して他の部分だけが移動すると，(28b)のように遊離数量詞を含んだ文が得られる．

(27) [$_{VP}$ [all the children] [$_{V'}$ see this movie]]
(28) a. [$_{IP}$ [all the children]$_i$ [$_{I'}$ will [$_{VP}$ t_i [$_{V'}$ see this movie]]]]
(= (25a))
b. [$_{IP}$ [the children]$_i$ [$_{I'}$ will [$_{VP}$ [all t_i] [$_{V'}$ see this movie]]]]
(= (25b))

この分析によると，遊離数量詞が表面上離れた位置にある主語を修飾することができるのは，遊離数量詞と主語の痕跡が構成素をなしているからである．さらに，この分析では，遊離数量詞が生起できるのは，派生のいずれかの段階で主語が占める位置に限定されるので，遊離数量詞が主語とまったく無関係な位置に現れることはなく，(26a, b)の非文法性に対しても原理的な説明が与えられる．

このように，動詞句内主語仮説を仮定すると，それ以上の余分な道具立てを用いずに，遊離数量詞の統語的分布や，(25a, b)のような対の意味上の類似性を捉えることができる．一方，主語は初めから動詞句の外部にあると考えると，遊離数量詞の振る舞いを説明することができないか，あるいはそれを説明するために，何か特別なことを言わなければならなくなる．このことから，Sportiche (1988) は，遊離数量詞現象は動詞句内主語仮説を支持する強い証拠である，と結論づけている．ただし，遊離数量詞を副詞の一種であるとする分析もあり，今後さらに研究が必要である．これについては，本シリーズの第9巻『極性と作用域』を参照されたい．

4.2.2 等位構造制約

動詞句内主語仮説の2番目の証拠は，等位構造制約に関するものであ

る．2つ(あるいはそれ以上)の構成素が，等位接続詞の and や but によって結合されている構造を，等位構造という．一般に，等位構造内部の要素を移動によって抜き出すと，非文になる (Ross 1967)．この制約を，等位構造制約 (Coordinate Structure Constraint) という．

(29) a. *Who did John see [pictures of t] and [photos of Mary]?
b. *Who did John see [pictures of Mary] and [photos of t]?

この制約には，よく知られた例外がある．それは，等位接続されたすべての構成素(等位項)から，同時に抜き出しを行なうこと(全領域的抜き出し (across-the-board extraction)) は許される，というものである．

(30) Who did John see [pictures of t] and [photos of t]?

さて，以上のことを念頭に次の文を見よう．

(31) a. The boys will [write a book] and [be awarded a prize for it].
b. The criminal will [be arrested] and [confess to the crime].
(Burton and Grimshaw 1992)

この文では，2つの動詞句が等位接続されている．一方は能動態の動詞句で，もう一方は受動態の動詞句である．3.5節で見たように，動詞的受動文では，目的語が動詞句内部から主語の位置に移動する．したがって，動詞句外主語仮説を仮定すると，(31) は (32) のような構造をしていることになる．

(32) a. The boys will [write a book] and [be awarded t a prize for it].
b. The criminal will [be arrested t] and [confess to the crime].

(32a, b) では，片方の等位項のみから抜き出しが行なわれており，前述の等位構造制約に違反する．したがって，(32) の構造は (31) が非文であるという間違った予測をしてしまう．

これに対して，動詞句内主語仮説を仮定すると (31) の文法性がうまく説明できる．すなわち，動詞句内主語仮説のもとでは (31) は (33) のような構造を持つ．

(33) a. The boys will [t write a book] and [t be awarded t a prize for it].
b. The criminal will [t be arrested t] and [t confess to the crime].

この構造では，両方の等位項に表面上の主語の痕跡が含まれているので，(30) と同様に全領域的抜き出しの場合に該当し，(31) の文法性が正しく予測される．したがって，(31) のような等位構造を含む文の文法性は，従来の動詞句外主語仮説よりも，動詞句内主語仮説のほうが経験的に優れていることを示している (Burton and Grimshaw 1992; McNally 1992)．

4.2.3 幼児英語の否定文

動詞句内主語仮説に関連して，最後に，幼児英語の否定文について考察する．3.2 節で見たように，大人の英語の否定文では，否定辞が屈折辞の直後に現れる．

(34) a. They will *not* come to the party.
b. Aaron did *not* meet Becky yesterday.

ところが，2 歳前後の幼児の発話では，否定辞が主語の前に現れることが多い ((35) は Bellugi (1967) より)．

(35) a. Not Fraser read it.
b. No I see truck.

Déprez and Pierce (1993) は，この種の発話は，動詞句内に現れた主語が IP の指定部に移動しなかった場合に得られるものである，という分析を提案している．

(36) [$_{IP}$ not [$_{VP}$ Fraser read it]]

もしこの分析が基本的に正しいとすると，幼児英語の否定文は，動詞句内主語仮説を支持し，しかも移動前の外項の「本来の位置」を明示的に示してくれる貴重な証拠ということになる．

4.3　VPシェル

3.1節と4.1節で，それぞれ，2項述語文の代表である他動詞文と，1項述語文の代表である自動詞文の構造を見た．本節では，3項述語文の代表として，与格構文（dative construction）と二重目的語構文（double object construction）について考察する．

(37)　与格構文
   a.　Aaron gave a book to Becky.
   b.　Becky showed her book to Aaron.
(38)　二重目的語構文
   a.　Aaron gave Becky a book.
   b.　Becky showed Aaron her book.

与格構文とは，(37)のように，内項として決定詞句のほかに，与格の前置詞 to を主要部とする前置詞句が現れる構文である．意味的には決定詞句が「対象」，前置詞句が「着点」として解釈される．それに対して，(38)のように，内項として決定詞句が2つ現れるものを，二重目的語構文という．前の決定詞句が「着点」（または「受領者」），後ろの決定詞句が「対象」の解釈を受ける．

与格構文や二重目的語構文などの3項述語文の動詞句の構造としては，従来，(39a)や(39b)などが提案されてきた（XP, YP は動詞の内項）．

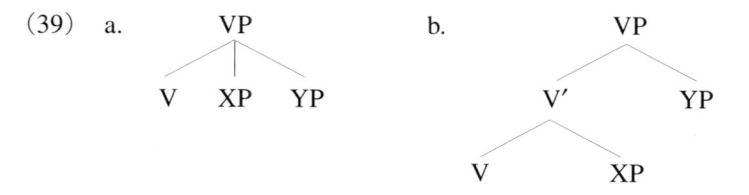

(39)　a.　　　VP　　　　　　b.　　　　VP
　　　　　　／|＼　　　　　　　　　　／＼
　　　　　V　XP　YP　　　　　　　V′　　YP
　　　　　　　　　　　　　　　　／＼
　　　　　　　　　　　　　　　V　　XP

しかし，これらの構造にはさまざまな問題がある．まず第一に，(39a)は

VP が 3 つに枝分かれしているが，これは 2.5 節で見た「2 項分岐」という句の基本性質に反している．より一般的に，英語の句は (40) のような基本構造を持つと考えられるが，(39a, b) の構造はいずれもこの基本構造と整合的でない．

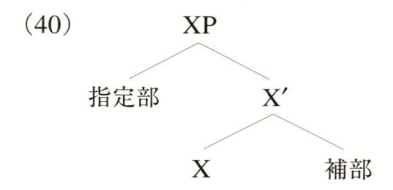

(40)　　　　XP
　　　　／＼
　　指定部　　X′
　　　　　　／＼
　　　　　X　　補部

　第二に，3 項述語文では，2 つの内項の連鎖が等位構造の等位項になることができる．

(41)　a.　Aaron gave [a book to Becky] and [a magazine to Nancy].
　　　b.　Aaron gave [Becky a book] and [Nancy a magazine].

第 3 章でも何度かふれたように，等位構造の等位項になれるのは構成素に限られているので，これらの文の文法性は，2 つの内項が構成素をなしており，動詞はその中に含まれていないことを意味している．しかし，(39a, b) の構造には，そのような構成素が存在しない．

　第三に，2.3 節で見たように，each other などの照応形は先行詞に c 統御されていなければならないが，(42) の例が示すように，3 項動詞文では，2 つの内項のうち前の内項が後ろの内項を c 統御するが，逆はなりたたない．((42b) が完全に非文法的でない理由については後ほど考察する．)

(42)　a.　Sue showed John and Mary to each other's friends.
　　　b.　??Aaron showed each other's friends to John and Mary.
　　　c.　Aaron showed John and Mary each other's friends.
　　　d.　*Aaron showed each other's friends John and Mary.

(39a) では，2 つの内項が互いに c 統御し合い，(39b) では後ろの内項が前の内項を非対照的に c 統御しているので，(42) から予測される構造

とは異なる．

さらに，前節で見た動詞句内主語仮説が正しければ，動詞句内部に外項の元位置が存在するはずであるが，(39a, b) には外項の位置が示されていない．

これらの問題を解決するために，Larson (1988) は，3項述語文には動詞句が2つ存在するという分析を提案した．より具体的には，与格構文に次のような構造を与えている．

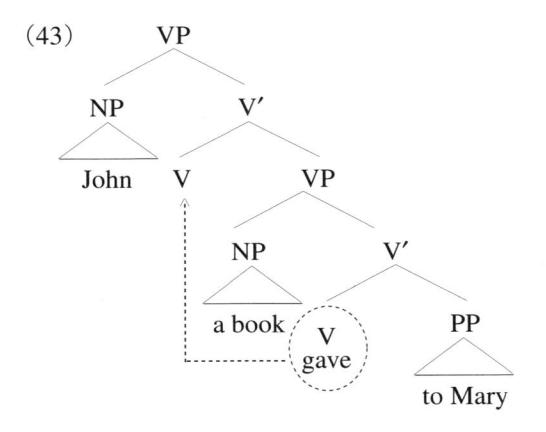

(43)
```
              VP
            /    \
          NP      V'
          |      /  \
         John   V    VP
                ↑   /   \
                |  NP    V'
                |  |    /  \
                | a book V   PP
                |       gave  |
                |            to Mary
```

3項動詞は，まず，2つの内項を補部と指定部にとる動詞句を投射する．句の基本構造として (40) を仮定すると，この動詞句の内部には外項が生起できる場所がない．そこで，動詞が繰り上がってもう1つの動詞句を投射し，その指定部の位置に外項が併合される．外項はこの位置から，さらに IP の指定部に移動する．(43) のように動詞句が2段重ねになっている構造を，貝殻にたとえて，VPシェル (VP-shell) という．

Larson はさらに，二重目的語構文は，与格構文の下の動詞句に受動化を適用することによって導かれるとして，次のような構造を提案している．

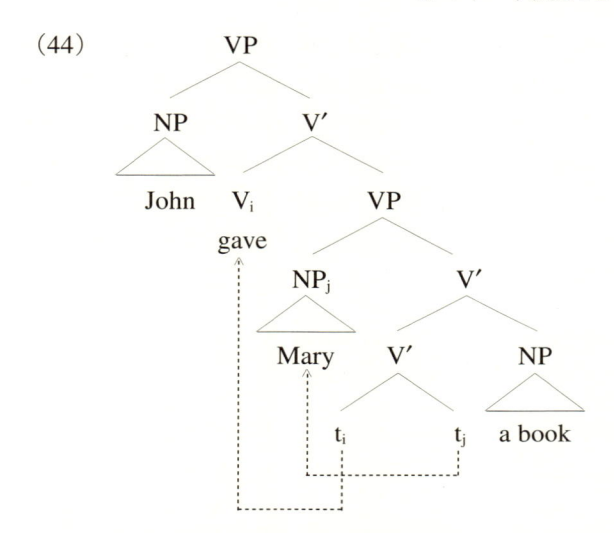

(44)
```
                    VP
                   /  \
                  NP   V'
                  /   / \
                John V_i  VP
                    gave / \
                        NP_j  V'
                        /    / \
                      Mary  V'  NP
                           / \   |
                          t_i t_j a book
```

　与格構文と二重目的語構文を統語的変形操作によって対応づけることの是非を含めて，細部にさまざまな疑問は残るものの，1つの節に動詞句が2つ現れるVPシェル構造は，3項述語文の有力な分析の1つであると言える．

　Larsonの分析では，与格構文が「基本」で，そこから統語操作によって二重目的語構文が導かれるが，Aoun and Li (1989) は，逆に，二重目的語構文が「基本」で，そこから与格構文が導かれるという分析を提案している．（$[_v\ e]$ は所有を表す音形を持たない動詞．SC は小節（Small Clause）．小節については本シリーズの第4巻『補文構造』を参照されたい．）

(45) a. $[_{VP1}$ gave $[_{SC}$ Mary $[_{VP2}\ [_v\ e]$ a book$]]]$
　　　　　　　⇩
　　 b. $[_{VP1}$ gave $[_{SC}$ a book$_i$ $[_{VP2}\ [_{VP3}\ [_v\ e]\ t_i]$ to Mary$]]]$

Aoun and Li がこのように考える根拠の1つは，下記 (46) のような，数量詞を含む文の解釈の違いである．(46a) の二重目的語構文は，前の内項

(someone)が広い作用域をとる解釈(1人の人にすべての本をあげた)しか持たず,後ろの内項(every book)が広い作用域をとる解釈(すべての本をあげたが,すべての本の貰い手が同一とは限らない)はない.これに対して,(46b)の与格構文は,前の内項が広い作用域をとる解釈(全員に同じ本をあげた)と,後ろの内項が広い作用域をとる解釈(全員に本をあげたが,あげた本がすべて同じとは限らない)のどちらも許し,二義的である.

(46) a. Mary gave someone every book.
b. Mary gave some book to everyone.

一般に,構造的に高い位置にある(c統御している)数量詞が,構造的に低い位置にある(c統御されている)数量詞よりも,広い作用域をとることが知られている.Aoun and Liは,(46a)のような二重目的語構文が一義的なのは,前の内項が一貫して後ろの内項よりも構造的に高い位置にあるからであり,(46b)のような与格構文が二義的なのは,2つの内項の構造的な高さ関係(c統御関係)が,移動によって逆転するからであるとしている.(数量詞の作用域に関する詳しい解説は,本シリーズの第9巻『極性と作用域』を参照されたい.)

対象項のほうが着点(受領者)項よりも,もともとは構造的に低い位置に生起する,というAoun and Liの提案は,さらに,上記(42)のような照応関係からも支持される.Pesetsky (1995)やTakano (1998)などで論じられているように,(42b, d)はともに完全に自然な文ではないが,(42b)のほうが(42d)よりも容認可能性が高い.この事実は,(42b)の対象項(each other's friends)が,もともとは着点項(to John and Mary)にc統御される位置にあり,そこから上(前)に移動したと考えると,2.6節で見た再構築現象の一種として説明できる.(42d)が完全に非文法的であることは,二重目的語構文では,2つの内項のc統御関係が,派生の過程で逆転しないことを示している.

4.4 分離屈折辞仮説

Chomsky (1986) では，屈折辞は，時制素性と一致素性という2種類の異なる素性により構成されていると考えられており，本書でもここまでこの説に基づいて議論を進めてきた．Pollock (1989) は，これに対して，時制素性と一致素性はそれぞれ統語的に独立した機能範疇で，別々の句を投射しているとして，(47) のような文構造を提案している．T，AGR はそれぞれ時制 (Tense)，一致 (Agreement) をつかさどる機能範疇である．

(47) [$_{TP}$ T [$_{AGRP}$ AGR [$_{VP}$ V]]]

否定文の場合は，TP と AGRP の間に NegP が現れる．このように，屈折辞を複数の範疇に分離するという Pollock (1989) の提案を，分離屈折辞仮説 (Split Infl Hypothesis) という．分離屈折辞仮説の動機の1つは，従来，屈折辞と呼ばれていたものが，時制素性と一致素性という2種類の性質の異なる要素から構成されており，概念的に不自然だということである．

Pollock は，分離屈折辞仮説を支持する経験的証拠として，フランス語の動詞と副詞や否定辞との相対的な位置関係をあげている．3.7.2 節で見たように，フランス語の時制文では，定形動詞が動詞句の主要部の位置から，ある種の副詞や否定辞を飛び越えて，主語の直後の位置まで移動する．3.7.2 節ではこの位置を，IP の主要部の位置と考えた．

(48) a. [$_{IP}$ Jean embrasse$_i$ [$_{VP}$ souvent t_i Marie]]
 Jean kiss often Marie
 'Jean often kisses Marie.'
 b. [$_{IP}$ Jean (n')aime$_i$ [$_{NegP}$ pas [$_{VP}$ t_i Marie]]]
 Jean love not Marie
 'Jean does not love Marie.'

不定詞節では，動詞の生起位置が定形節と異なっている．(49) に示すように，不定詞節の動詞は否定辞 pas の前に生起できない．また，(50) に

示すように，不定詞節の動詞は副詞の前にも後ろにも現れることができる．

 (49) a. *Ne regarder pas la télévision consolide l'esprit critique.
      watch not television strengthen spirit critical
    'Not to watch television strengthens one's independence.'
   b. Ne pas regarder la télévision consolide l'esprit critique.
      not watch television strengthen spirit critical
 (50) a. Parler á peine l'italien aprés cinq ans d'étude dénote
    speak hardly Italian after five years of study denotes
    un manque de don pour les langues.
    a lack of gift for languages
    'To hardly speak Italian after five years of hard work means you lack a gift for languages.'
   b. Á peine parler l'italien aprés cinq ans d'étude dénote
    hardly speak Italian after five years of study denotes
    un manque de don pour les langues.
    a lack of gift for languages

(49a)の非文法性は，不定詞節においては，動詞が屈折辞の位置（定形節における動詞移動の着点）まで繰り上がれないことを示しているが，(50a)の文法性は，動詞が副詞を越えて左側に移動できることを示している．このことは，定形節における動詞の移動後の位置や否定辞の位置よりは低いが，動詞句副詞よりは高い位置に，動詞の移動先になれる主要部の位置が存在することを示唆している．Pollock (1989)は，この主要部が(47)のAGRであるとしている．Pollockの分析によると，(50a)は(51)のような構造をしている．

 (51) [$_{TP}$ T [$_{AGRP}$ Parler$_i$ [$_{VP}$ á peine [$_{VP}$ t_i l'italien . . .]]]]
        speak   hardly   Italian

ここでは，不定形の動詞がAGRの位置まで移動している．
 時制文では，定形動詞が，まずAGRに繰り上がり，さらに[$_{AGR}$ V AGR]がTまで移動する．

(52)　[TP Jean (n')aime [NegP pas [AGRP t_{AGR} [VP t_V Marie]]]]
　　　　Jean　love　not　　　　　　　　　　Marie
　　　'Jean does not love Marie.'

　時制節では，Tが動詞を牽引する性質を持つため，動詞が義務的にTまで移動するが，不定詞節では，Tがそのような性質を持たないため，動詞がTまで移動することができない．不定詞節における動詞のAGRまでの移動は，随意的で，動詞がAGRまで繰り上がると(50a)の語順になり，動詞が元位置にとどまっている場合には(50b)の語順になる．
　Pollock (1989) の分離屈折辞仮説をうけて，Chomsky (1991) はさらに，1つの節の中には，主語の一致をつかさどるAGR（AGRsと表記）と目的語の一致をつかさどるAGR（AGRo）との2つのAGRがあるとして，次のような節構造を提案している．

(53)　[AGRsP　AGRs　[TP　T　[AGRoP　AGRo　[VP　V　]]]]

Chomsky (1993) によると，英語では，主語が動詞句の指定部の位置からAGRsPの指定部の位置に，顕在的統語部門で移動する．

(54)　[AGRsP John$_i$ [AGRs' AGRs [TP T [AGRoP AGRo [VP t_i [V' opened the door]]]]]]

動詞や目的語は，顕在的統語部門では移動しないが，発音に反映されない論理形式（logical form: LF）部門で，それぞれAGRsPの主要部の位置とAGRoPの指定部の位置に移動する．言語によっては，これらの移動も顕在的統語部門で行なわれることがある．（論理形式については，本シリーズの第9巻『極性と作用域』を参照されたい．）

4.5　分離動詞句仮説

　前節で見たChomsky (1991, 1993) の構造では，外項も内項も，AGRoPの下にある動詞句内にθ位置を持つと考えられている．これに対して，Koizumi (1993, 1995) は，外項のθ位置はAGRoPよりも構造上高い位置にあるとして，次のような節構造を提案している．

(55) [$_{\text{AGRsP}}$ AGRs [$_{\text{TP}}$ T [$_{\text{vP}}$ v [$_{\text{AGRoP}}$ AGRo [$_{\text{VP}}$ V]]]]]

Koizumi によると，1 つの節の中には（少なくとも）2 つの動詞句が存在し，外項は上の動詞句（本書では vP と表記）の指定部の位置に併合され，内項は下の動詞句（VP）内に元位置を持つ．2 つの動詞句の間には，AGRoP（などの機能範疇の投射）が介在している．このような分析を，分離動詞句仮説（Split VP Hypothesis）という．

英語では，主語と目的語がそれぞれ AGRsP と AGRoP の指定部の位置に，顕在的統語部門で移動する．目的語のこのような移動を，目的語転移（object shift）という．下の動詞句の主要部 V（以下，主動詞と呼ぶ）も，顕在的統語部門で AGRo へ繰り上がり，さらに [$_{\text{AGRo}}$ V AGRo] が上の動詞句の主要部 v の位置まで移動する．したがって，たとえば John opened the door. という文は，次のような構造を持つ．

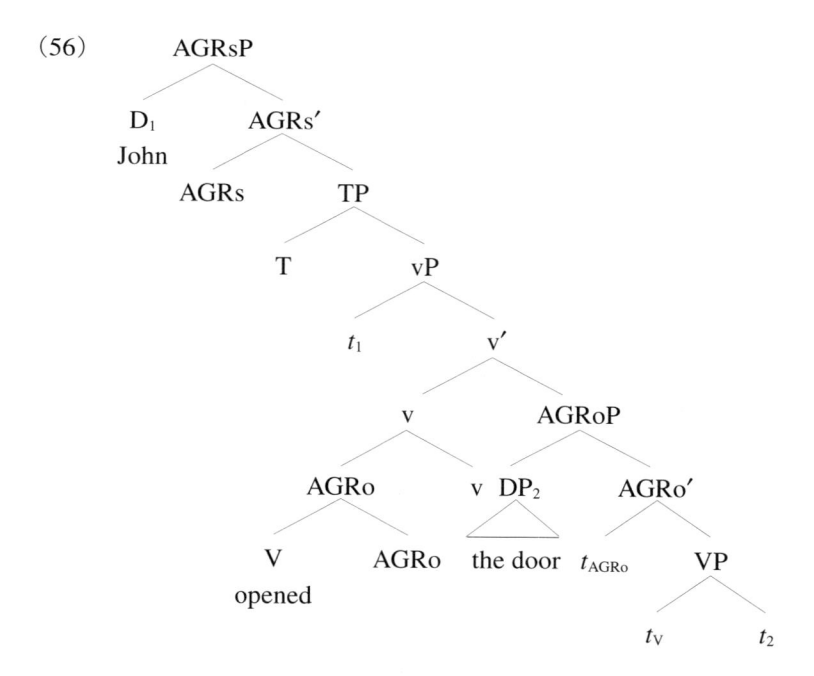

(56)

```
              AGRsP
             /     \
           D₁      AGRs'
          John    /     \
               AGRs      TP
                        /  \
                       T    vP
                           /  \
                          t₁   v'
                              /  \
                             v    AGRoP
                            / \   /    \
                         AGRo  v DP₂   AGRo'
                         / \     |     /    \
                        V  AGRo the door t_AGRo  VP
                      opened                    /  \
                                              t_V   t₂
```

(Subscripts in tree: D_1, t_1, DP_2, t_{AGRo}, t_V, t_2)

動詞の内項であっても，文法的一致に関与しない PP や CP は，AGR の指定部に移動する必要がないので，(57) に示すように，VP 内部にとどまっている．

(57) a. [$_{\text{AGRsP}}$ Aaron$_1$ AGRs [$_{\text{TP}}$ T [$_{\text{vP}}$ t_1 walks [$_{\text{AGRoP}}$ t_{AGRo} [$_{\text{VP}}$ t_V [$_{\text{PP}}$ to school]]]]]]
b. [$_{\text{AGRsP}}$ Aaron$_1$ AGRs [$_{\text{TP}}$ T [$_{\text{vP}}$ t_1 said [$_{\text{AGRoP}}$ t_{AGRo} [$_{\text{VP}}$ t_V [$_{\text{CP}}$ that she did it]]]]]]
c. [$_{\text{AGRsP}}$ Aaron$_1$ AGRs [$_{\text{TP}}$ T [$_{\text{vP}}$ t_1 rolled [$_{\text{AGRoP}}$ [the ball]$_2$ t_{AGRo} [$_{\text{VP}}$ [$_{\text{PP}}$ down the hill] [$_{\text{V}'}$ t_V t_2]]]]]]

以下では，分離動詞句仮説を支持する諸現象の中から，2つ紹介する．

4.5.1 副詞の分布

まず初めに，副詞の分布を考察しよう．副詞には，大きく分けると，evidently や probably のように文全体を修飾する文副詞と，gently や completely のように動詞句を修飾する動詞句副詞がある．動詞句副詞の多くは，(58) のように，動詞の直前や目的語の直後など，複数の位置に生起できる．

(58) a. Aaron had *gently* rolled the ball down the hill.
b. Aaron had rolled the ball *gently* down the hill.

動詞句副詞がどの位置に現れるかによって，文の意味が微妙に異なる．たとえば，(58a) は，Aaron の(ボールを転がす)動作が gentle だったという意味に解釈されるのに対して，(58b) は，ボールの転がり方が gentle だったという意味になる(この種の観察については Bowers (1993) などを参照)．この意味の違いは，分離動詞句構造を仮定すると，(58a) のように動詞の直前にある副詞は，主語の動作を表す上の動詞句 vP を修飾し，(58b) のように目的語の後ろに位置する副詞は，目的語の運動を表す下の動詞句 VP を修飾する，と考えることによって説明できる．

(59) a. Aaron had [$_{\text{vP}}$ *gently* [$_{\text{vP}}$ rolled the ball down the hill]].

b.　Aaron had rolled the ball$_2$ [$_{VP}$ *gently* [$_{VP}$ down the hill t_V t_2]].

　このような副詞の位置による意味の違いは，3項動詞だけでなく，2項動詞の場合にも観察される．たとえば，(60a) は，Aaron がフランス語の習得に要した期間が短かったという意味であるのに対して，(60b) は，普通のイントネーションで読むと，学習の進行速度が速かったという意味になる．

　(60)　a.　Aaron *quickly* learned French.
　　　　b.　Aaron learned French *quickly*.

これも，(60a) の quickly が vP を修飾し，(60b) の quickly が VP を修飾していると考えることによって説明がつく ((61a, b))．

　(61)　a.　Aaron [$_{vP}$ *quickly* [$_{VP}$ learned French]].
　　　　b.　Aaron learned$_V$ French$_2$ [$_{vP}$ *quickly* [$_{VP}$ t_V t_2]].
　　　　c.　Aaron [$_{vP}$ [$_{vP}$ learned French] (*very*) *quickly*].

ただし，(60b) は，quickly の前に very をつけたりポーズを置くなどして読み方を工夫すると，(60a) と同じ意味にも解釈できる．この場合は，(61c) のように，(very) quickly が上の動詞句 vP を右側から修飾していると考えられる．（紙幅の都合でここでは説明できないが，第1章の (3a) の例文の again の解釈の多様性についても，基本的に同様の分析が可能である．）

　いま見た gently や quickly は，vP と VP のどちらでも修飾できる動詞句副詞だが，動詞句副詞の中には，deliberately のように vP しか修飾できないものや，perfectly のように VP しか修飾できないものもある．

　(62)　a.　Aaron had *deliberately* rolled the ball gently down the hill.
　　　　b.　*Aaron had gently rolled the ball *deliberately* down the hill.
　(63)　a.　Becky learned French *perfectly*.
　　　　b.　*Becky *perfectly* learned French.

　以上，1つの節の中に動詞句が2つ存在し，動詞句副詞がどちらの動詞

句を修飾するかによって，解釈や文法性が異なることを見た．
　次に，この2つの動詞句の間に，AGRoPが存在することを示唆する現象を考察する．いま見たように，多くの動詞句副詞は，動詞の前にも目的語の後ろにも生起できる．しかし，興味深いことに，その中間の位置である動詞と目的語の間に動詞句副詞が現れると，非文法的になる（下記(64a, b)参照）．ただし，動詞の補部が決定詞句でない場合には，動詞とその補部の間に副詞が生起できる（(64c)）．

(64)　a.　*Aaron rolled *gently* the ball down the hill.
　　　b.　*Aaron learned *quickly* French.
　　　c.　Aaron walks *quickly* to school.

分離動詞句構造を仮定すると，これらの(非)文法性は次のように説明できる．すなわち，動詞句副詞は，動詞またはその投射を修飾するものであるが，(64a, b)では，動詞句副詞が動詞の投射ではないAGRoPを修飾しているため，動詞句副詞の意味的・文法的機能と整合的でなく，非文法的になっている．PPはAGRoPの指定部に繰り上がらないので，(64c)の動詞とPPの間の副詞は下の動詞句を修飾できる．

(65)　a.　*Aaron rolled [AGRoP *gently* [AGRoP the ball t_{AGRo} [VP . . .]]].
　　　b.　*Aaron learned [AGRoP *quickly* [AGRoP French t_{AGRo} [VP . . .]]].
　　　c.　Aaron walks [AGRoP t_{AGRo} [VP *quickly* [VP t_V [PP to school]]]].

　より一般的には，副詞は，その意味的・文法的機能と整合的な投射を修飾するので，AGRのように，意味的に空な純粋な機能範疇の投射を修飾することはできない．したがって，AGRoPだけでなく，AGRsPも副詞によって修飾することができない．

(66)　a.　*Will [AGRsP *tomorrow* [AGRsP Aaron speak French]]?
　　　b.　*It's possible [for [AGRsP *tomorrow* [AGRsP Aaron to speak French]]].

(67)のような文が文法的なのは，副詞が，CPとAGRsPとの間にある，別の機能範疇の投射（ここではPolP (Polarity Phrase) と表記）を修飾し

(67) Chad said [$_{CP}$ that [$_{PolP}$ *tomorrow* [$_{PolP}$ Pol [$_{AGRsP}$ Aaron will speak French]]]].

ここで，また，動詞句副詞に話を戻そう．前述したように，英語では動詞と目的語の間に，動詞句副詞が現れることができない．これは，本動詞と目的語がそれぞれ v と AGRoP 指定部の位置まで繰り上がるため，動詞と目的語の間に動詞の投射が存在しないからである．これに対してフランス語では，目的語が下の動詞句内にとどまっているため，本動詞が AGRs まで移動しない場合にも，動詞と目的語の間に動詞句副詞が生起できる．動詞句副詞 á peine ("hardly") が，(68a) では vP を，(68b) では VP を修飾している．

(68) a. Pierre a *á peine* vu Marie.
   Pieree has hardly seen Marie
   'Pierre has hardly seen Marie.'
 b. Pierre a vu *á peine* Marie.
   Pierre has seen hardly Marie

(69) a. Pierre$_1$ a [$_{vP}$ *á peine* [$_{vP}$ t_1 vu [$_{AGRoP}$ t_{AGRo} [$_{VP}$ t_v Marie]]]].
   (= (68a))
 b. Pierre$_1$ a [$_{vP}$ t_1 vu [$_{AGRoP}$ t_{AGRo} [$_{VP}$ *á peine* [$_{VP}$ t_v Marie]]]].
   (= (68b))

(70) では，vP を修飾する副詞と VP を修飾する副詞が，両方同時に現れている．Iatridou (1990) が指摘しているように，このような例は，Pollock (1989) で提案されている「不定形動詞は随意的に AGR に移動する」という分析では説明できない（⇒ 4.4）．

(70) *Souvent* faire *mal* ses devoirs, c'est stupide.
   frequently make badly one's homework that is stupid
   'To frequently do one's homework badly is stupid.'

              (Iatridou 1990)

以上，分離動詞句仮説を仮定すると，副詞の分布が簡潔に説明できることを見た．ここで取り上げた副詞に関する諸事実を，分離動詞句構造を用いずに説明しようとすると，さまざまな問題が生じる．詳しくは Koizumi (1993, 1995) を参照されたい．

4.5.2　幼児英語の目的語先行文

英語を獲得中の 2 歳前後の幼児が，目的語が他動詞に先行する (71) のような発話（目的語先行文）を産出することがある．（「Susan 1; 10」などの表記は，研究上 Susan という名前 (pseudonym) をつけられた幼児の，1 歳 10 カ月のときの発話であることなどを意味する．）

(71) a.　Book read　(for 'read book', Susan 1; 10)
　　　　　　　　　　　　　　　　　(Miller and Ervin 1964)
　　 b.　Balloon throw　(for 'throw balloon', Gia 1; 7)
　　　　　　　　　　　　　　　　　(Bloom 1970, 86)
　　 c.　Paper find　(for 'find paper', Adam 2; 3)
　　　　　　　　　　　　　　　　　(Brown et al. 1968)

目的語先行文は，語順が特殊であるだけでなく，主語，助動詞および否定辞がいっさい現れないという特徴を持っている．いうまでもなく，このような性質を兼ね備えた発話は，大人の英語で非文法的であるため，幼児に与えられる第一次言語資料には含まれていない．それでは，幼児はなぜこのような発話を産出するのだろうか．Koizumi (2000) は，分離動詞句仮説に基づいて，次のような分析を提案している．

まず，分離動詞句仮説と，2.6 節で見た「移動のコピー理論」（統語的移動は元位置に移動要素のコピーを残す，という仮説）を仮定すると，たとえば Aaron read a book. という文は，次のような構造を持つ．

(72)　[$_{AGRsP}$ Aaron [$_{AGRs'}$ AGRs [$_{TP}$ T [$_{vP}$ Aaron [$_{v'}$ read-AGRo-v [$_{AGRoP}$ a book [$_{AGRo'}$ read-AGRo [$_{VP}$ read a book]]]]]]]]

移動のコピー理論では，同一要素のコピーが複数存在する場合，音韻部門

において，構造的に一番高い位置にあるコピーだけが解釈され，他のコピーは発音されない（⇒ 2. 6）．(72) 内の発音されないコピーを取消線で示すと (73) のようになり，"Aaron read a book." という発話が得られる．

(73) [AGRsP Aaron [AGRs' AGRs [TP T [vP ~~Aaron~~ [v' read-AGRo-v [AGRoP a book [AGRo' ~~read-AGRo~~ [VP ~~read a book~~]]]]]]]]

幼児は，情報処理能力が限られているため，しばしば言いたい文全体を音声化できず，部分的に脱落した発話（たとえば "Read book"）を産出することが一般に知られている．Koizumi (2000) は，幼児の目的語先行文は，幼児の情報処理能力の不足が原因で生じる一種の言い誤り（speech error）であり，節の構造のうち，下から AGRoP までだけが音韻部門で解釈された場合に産出される，という分析を提案している．これによると，たとえば (72) の AGRoP およびそれ以下の部分だけ（つまり (74a)）が音韻部門で解釈されると，動詞と目的語のコピーは一番上のものを残して音韻的に削除され，結果的に (74b) のように「目的語・動詞」という語順の発話になる（幼児英語では一般的に冠詞が脱落するので，以下でも除いてある）．

(74) a. [AGRoP book [AGRo' read-AGRo [VP read book]]]
     b. [AGRoP book [AGRo' read-AGRo [VP ~~read book~~]]]

節構造のうち AGRoP 以下の部分には，主語や助動詞，否定辞などが含まれないので，幼児の目的語先行文にはこれらの要素が現れない．ちなみに，VP だけが発音されたり，vP まで発音されたりすると，(75) に示すように，「動詞・目的語」または「主語・動詞・目的語」という語順の発話になる．

(75) a. [VP read book]
     b. [vP Aaron [v' read-AGRo-v [AGRoP book [AGRo' ~~read-AGRo~~ [VP ~~read book~~]]]]]

このように，音韻部門や論理形式部門などのインターフェイス・レベル

で統語構造の一部分だけが解釈される，言語運用上の誤り（performance error）が存在するという Koizumi (2000) の提案を，部分解釈仮説（Partial Interpretation Hypothesis）という．

部分解釈仮説と分離動詞句仮説は，さらに，次のような事実からも支持される．I put the pencil in my mouth. の put のように，内項として DP (Theme) と PP (Goal) をとる動詞の場合，動詞と 2 つの内項の配列順序が，論理的には 6 種類考えられる．そのうち，実際に幼児英語で観察されるのは，4 種類だけである（(76a–d) は CHILDES database より（*cf.* MacWhinney 2000; Bloom 1970; Brown 1973))．（初期幼児英語では前置詞が脱落することが多い．）

(76) a. PP$_{Goal}$ V DP$_{Theme}$:　outside put book　（Adam 2; 4）
　　　b. V PP$_{Goal}$ DP$_{Theme}$:　put in chairs breakfast　（Peter 2; 3）
　　　c. DP$_{Theme}$ V PP$_{Goal}$:　pencil put mouth　（Adam 2; 4）
　　　d. V DP$_{Theme}$ PP$_{Goal}$:　put book outside　（Adam 2; 4）
　　　e. DP$_{Theme}$ PP$_{Goal}$ V :　なし
　　　f. PP$_{Goal}$ DP$_{Theme}$ V :　なし

このことは，部分解釈仮説と分離動詞句仮説を用いると，次のように説明できる．すなわち，(77) に示したように，VP だけが発音されると (76a) の語順（(77a)）に，AGRo′ まで発音されると (76b) の語順（(77b)）に，そして AGRoP まで発音されると (76c) の語順（(77c)）になる．この 3 種類の語順の発話には，主語は現れない．

(77) a. [$_{VP}$ outside [$_{V'}$ put book]]
　　　b. [$_{AGRo'}$ put-AGR [$_{VP}$ in chairs [$_{V'}$ ~~put~~ breakfast]]]
　　　c. [$_{AGRoP}$ pencil [$_{AGRo'}$ put-AGR [$_{VP}$ mouth [$_{V'}$ ~~put pencil~~]]]]
　　　d. [$_{v'}$ put-AGR-v [$_{AGRoP}$ book [$_{AGRo'}$ ~~put-AGR~~ [$_{VP}$ outside [$_{V'}$ ~~put book~~]]]]]

v′ まで発音されると，(76d) のように（主語は含まないが）大人と同じ語順の発話になる（(77d)）．vP またはそれより大きな構造が発音されても

この語順になるので，この語順の発話の場合には主語が現れることもある．節の構造のうち，どの一部分を発音しても，(76e, f)の語順になることはない．さらに，フランス語のように目的語転移のない言語では，派生の過程で目的語が動詞を越えて前に移動することがないので，幼児の発話に目的語先行文が現れることはない．

このように，分離動詞句構造を仮定すると，幼児英語の目的語先行文の特性に原理的な説明を与えることができる．そのさい，とくに重要なのは，英語に目的語転移があり，その着地点が主語の元位置よりも低い，という前提である．もし英語に目的語転移がなければ，動詞と目的語の倒置が説明できない．また，目的語転移の移動先が主語の元位置よりも高ければ，目的語先行文で目的語と動詞の間に主語が生起することがあるという，誤った予測をしてしまう．したがって，幼児英語における目的語先行文の存在(および幼児フランス語などにおける目的語先行文の欠如)は，分離動詞句仮説(と移動のコピー理論および部分解釈仮説)を支持する強い証拠であると言える．

4.6　AGRのない分離動詞句構造

2.2節でふれたように，語彙項目は，実質的な意味内容の豊かな語彙範疇(V, N, A, P)と，意味内容に乏しく主に文法的な働きをする機能範疇(D, C, T, AGR)とに分けられる．とはいっても，機能範疇のほとんどがなんらかの語彙的な意味を持っており，まったく意味を持たない純粋な機能範疇はAGRだけである．Chomsky (1995: Chapter 4, 1999, 2000) は，AGRのように，まったく語彙的意味を持たない範疇は例外的であり，よほどの経験的な証拠がない限り，その存在を認めるべきではないとして，従来AGRを用いて分析されてきた諸現象を，AGRを用いずにどの程度説明できるか考察している．具体的には，Chomsky (1995, 1999, 2000) は，Koizumi (1995) の分離動詞句構造からAGRを除いた，(78)のような節構造を提案している．(78a)は英語の具体的な文の分析で，(78b)はアイスランド語のように，動詞の繰り上げと目的語転移を持つ言語の文の抽象的な構造である．

(78) a. [$_{TP}$ John$_i$ [$_{T'}$ T [$_{vP}$ t_i [$_{v'}$ read$_V$-v [$_{VP}$ t_V the book]]]]]
    b. [$_{TP}$ Subj$_i$ [$_{T'}$ V-v-T [$_{vP}$ Obj$_j$ [$_{v'}$ t_i [$_{v'}$ t_V [$_{VP}$ t_V t_j]]]]]]

　語彙的な意味を持たない範疇の存在の認定には，慎重であるべきであるとする方法論上の留意点は，もっともである．同じことは，音形を持たない範疇についても言える．実際，生成文法理論の歴史の中で，音形を持たない痕跡や PRO の存在に関しては，かなり詳しい実証的な検討が行なわれてきた(現在も続いている)(⇒ 2.6)．AGR の有無についても，現在，同様に厳しい検証が行なわれている．

　(78) に関していえば，このような単純な構造では，これまで AGR を用いて説明されてきた諸事実を説明することはできない．たとえば，(78a) のように，英語に動詞の移動も目的語転移も認めない分析では，4.5.1 節で見た副詞の分布や，4.5.2 節で検討した幼児英語の目的語先行文が，まったく説明できない．また，英語に目的語転移を認めて，英語の文が (78b) のような構造を持つと仮定しても，さまざまな問題が生じる．たとえば，3.7.2 節や 4.4 節で見たように，英語ではフランス語と異なり，動詞が屈折辞((78a) の T)まで移動していないというのが，多くの研究者の一致した意見だが，(78b) では動詞が T まで上がっており，これが英語の構造であるとは言えない．また，(78b) では目的語転移の着地点が主語の元位置よりも上にあり，幼児英語の目的語先行文に主語が生起しないことや，Koizumi (1995) や Lasnik (1999) で論じられているさまざまな証拠と矛盾する．(78b) のような vP 指定部への目的語転移は，アイスランド語などで報告されている諸事実とは整合的であるが，英語の目的語転移の着地点は，もっと低い位置である．

　アイスランド語などの長距離目的語転移 (long-distance object shift) と，英語の短距離目的語転移 (short-distance object shift) は，区別して考えるべきである．短距離目的語転移は AGRoP の指定部への移動で，長距離目的語転移は，そこからさらに上の位置(たとえば vP の指定部)への移動であると考えるのが，妥当であると思われる．

(79)　[$_{vP}$ [$_{v'}$ S [$_{v'}$ v [$_{AGRoP}$　[$_{AGRo'}$ AGR [$_{vP}$ V O]]]]]]
　　　　　　　　　　(b)　　　　　　　　(a)

(a) 短距離目的語転移
(a) + (b) 長距離目的語転移

英語では，顕在的統語部門で (a) の移動が起こり，論理形式部門で (あるいは顕在的統語部門で潜在的に)(b) の移動が起こる．アイスランド語などでは，(a)，(b) ともに顕在的統語部門で起こることがある．

第5章　疑　問　文

　この章では，疑問文とその関連構文を分析する．疑問文が平叙文と異なるのは主に CP 部分の構造で，IP 以下の構造は基本的に同じである．IP 以下の構造として，第 3 章で述べた比較的単純な構造と第 4 章で述べた詳しい構造のどちらを仮定しても，本章の議論および結論には本質的な影響がない．したがって，本章では，説明をできるだけ簡潔にするために，IP 以下については第 3 章で述べた単純な構造を仮定して議論を進める．

5.1　一般疑問文

　下記 (1) のような疑問詞を含まない疑問文を，Yes-No 疑問文 (Yes-No Question)，または一般疑問文という．

(1)　a.　Can she play the piano?
　　　b.　Did she play the piano?

一般疑問文では，いわゆる「主語と助動詞の倒置」(Subject-Aux Inversion) が起こる．これは，主語の前の位置，すなわち補文標識の位置への屈折辞の移動である．3.3 節で述べたように，主要部移動は一般に付加構造を生み出すので，たとえば (1a) は次のような構造をしている．

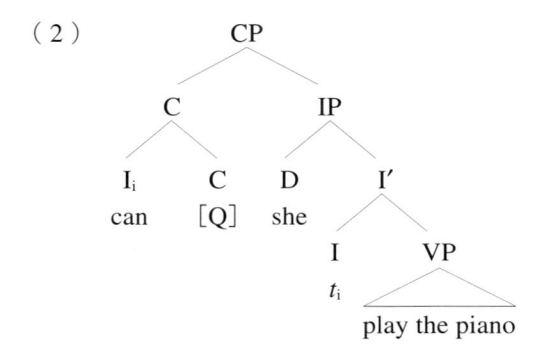

（2）
```
           CP
          /  \
         C    IP
        / \   / \
       Iᵢ  C  D   I'
       can [Q] she / \
                  I   VP
                  tᵢ  play the piano
```

　補文標識は一般に，節のタイプを決定する情報を担う範疇なので（⇒ 2.2, 3.6），疑問文の補文標識は，その文が疑問文であることを示す素性（疑問素性 [Q]）を持つ．疑問素性 [Q] は一種の接辞であり，単独では文中に生起できず，屈折辞を牽引する性質を持つと考えられる．このように，他の要素を牽引して移動を誘発する性質を持つ素性を，強い素性（strong feature）と言うことがある．フランス語の時制節の屈折辞は，動詞を牽引するので，強い素性を持つ範疇の一例である（⇒ 3.7.2, 4.4）．

　3.2 節で見たように，法助動詞を含まない定形節の屈折辞は，接辞的性質を持つ時制素性や一致素性などから構成されており，通常は隣接する動詞といっしょに，1 つの音韻的単語として発音される．

（3）　[IP she [I past, 3rd, sg, fem] [VP play the piano]]
　　　　　　　　　　　　　　　　　⇨ She played the piano.

しかし，疑問文でこのような屈折辞が補文標識に牽引されて移動すると，屈折辞と動詞の隣接性が崩れ（間に主語が入る），1 つのまとまりとして発音できなくなる．そのままでは，接辞的性質の屈折辞が単独で取り残されて非文法的な表現になるので，それを救うために，迂言的助動詞 do が挿入される（⇒ 3.2）．

（4）　[CP [I past, 3rd, sg, fem]ᵢ [IP she tᵢ play the piano]]
　　　　　　　↑
　　　　　　　do　　　⇨ Did she play the piano?　(= (1b))

(5)のようにbe動詞や完了のhaveを含む疑問文では,まずbe動詞や完了のhaveが,動詞句の主要部の位置から屈折辞の位置に移動し,次にそれらを含む複合屈折辞が,補文標識の位置に移動する.

(5) a. Are you playing the piano?
    b. Have you played the piano?

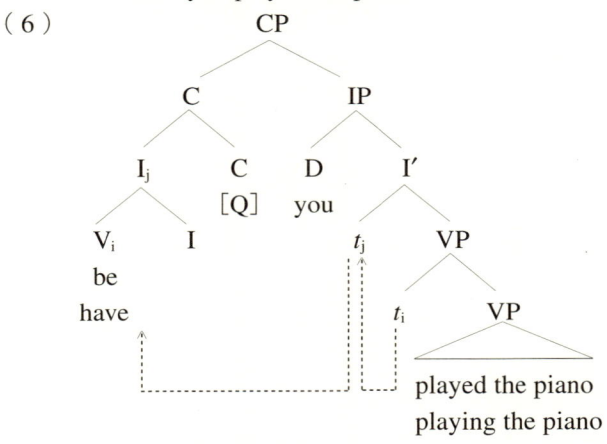

(6)

```
                    CP
                   /  \
                  C    IP
                 / \   / \
               Iⱼ  C  D   I'
              / \ [Q] you / \
             Vᵢ  I      tⱼ  VP
             be              / \
             have          tᵢ  VP
                                played the piano
                                playing the piano
```

be動詞や完了のhaveが法助動詞と共起する場合には,(7)のように,「法助動詞・have・be」という語順になるが,疑問文では,(8a)のように,これらの中で一番前にあるものが補文標識の位置に移動しなければならず,(8b, c)のように2番目以降の要素が移動すると,非文法的になる.

(7) She will have been working here for five years by the end of next month.

(8) a. Will she have been working here for five years by the end of next month?
    b. *Have she will been working here for five years by the end of next month?
    c. *Been she have will working here for five years by the end of next month?

このような事実を説明するために,Travis (1984) は,概略(9)のよ

うな内容の，主要部移動制約（Head Movement Constraint）を提案した．

（9） 主要部移動制約：主要部は，それを c 統御する主要部の中で，もっとも近い主要部の位置に移動しなければならない．

（8a）の will は，もっとも近い主要部である補文標識の位置に移動しているので，主要部移動制約に従っている．（8b）の have は，もっとも近い主要部である屈折辞（= 法助動詞）の位置を飛び越えて，それよりも遠い補文標識の位置に移動しており，主要部移動制約に違反している．また，（8c）の be は，もっとも近い主要部である have の位置（および，その次に近い主要部である屈折辞の位置）を飛び越えており，これも主要部移動制約に違反している．

このように，主要部移動制約を仮定すると，（8b）や（8c）の非文法性を説明することができる．しかし，上で述べたように，[Q] 素性が屈折辞を牽引する性質を持つ素性であるとすると，動詞である be や have が直接 [Q] 素性に牽引されることはないので，（8b）や（8c）のような移動はそもそも起こらない（最終手段の原理 ⇒ 3.5）．（5a, b）では，be や have が屈折辞に牽引されて屈折辞に付加し，それから複合屈折辞が [Q] 素性に牽引されているのであって，be や have が直接 [Q] 素性に牽引されているわけではない．したがって，（8b）や（8c）の非文法性を説明するために，主要部移動制約のような独立の文法原理が必要であるかどうかは，疑わしい．

否定辞が屈折辞に付加すると，（10a）のような否定文になるが，それからさらに複合屈折辞が補文標識の位置に移動すると，（10b）のような否定疑問文が得られる．

（10） a. Aaron can't play the piano.
b. Can't Aaron play the piano?

また，（11）のような付加疑問文（tag question）は，文末の付加節（tag）部分が CP で，その内部で屈折辞が補文標識の位置に移動し，（12）に示すように，VP が削除されていると考えられる．

(11) a. You can play the piano, can't you?
     b. You can't play the piano, can you?
(12) 付加節: [$_{CP}$ can$_i$ [$_{IP}$ you t_i [$_{VP}$ ~~play the piano~~]]]

5.2 特殊疑問文

(13)のように，疑問詞を含む疑問文を，Wh 疑問文（wh-question），または特殊疑問文という．

(13) a. Which problem can you solve?
     b. Who do you think will win the race?

特殊疑問文では，一般疑問文と同じように，屈折辞が補文標識の位置に移動するが，それに加えて，疑問詞（を含む句）がさらにその前，すなわちCPの指定部の位置に移動する．このことから，特殊疑問文の補文標識は，疑問素性［Q］に加えて，疑問詞を牽引する素性（［WH］素性）を持っていると考えられる．したがって，たとえば，(13a)は(14)のような構造をしている．

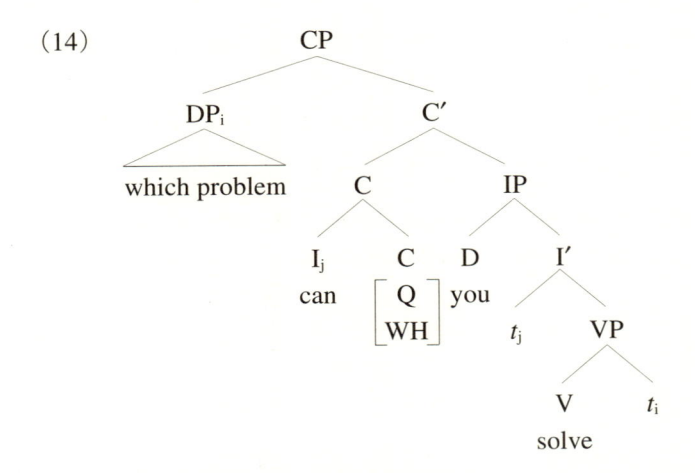

(14)
```
                    CP
                   /  \
                 DP_i   C'
                  |    /  \
            which problem C    IP
                         / \  /  \
                        I_j C D   I'
                        |  [Q ] you /  \
                       can [WH]   t_j  VP
                                       / \
                                      V   t_i
                                     solve
```

第3章で，主要部位置への移動を主要部移動（⇒ 3.3），項位置への移動をA移動（⇒ 3.5）と呼ぶことにふれたが，疑問詞のCP指定部への

移動のように，主要部位置でも項位置でもない位置（非項位置（A-bar position））への移動を，A バー移動（A-bar movement）という．

1つの疑問文に複数の疑問詞が含まれている場合には，構造的に一番優位な疑問詞が，文頭に移動しなければならない．これを優位性条件（Superiority Condition）という．ここで，A が B よりも「優位である」というのは，A が B を非対称的に c 統御している，という意味である．たとえば，(15) の文ではいずれも，移動前には who が what を非対称的に c 統御している（who が what よりも優位である）ので，who が移動しなければならず，what が移動したり両方移動したりすると非文法的になる．

(15) a. Who do you think *t* will say what?
  b. *What do you think who will say *t*?
  c. *Who$_i$ what$_j$ do you think *t*$_i$ will say *t*$_j$?

5.3 間接疑問文

5.1節や5.2節で見たような，主文全体が疑問文になっている文を，直接疑問文（direct question）と呼ぶのに対して，下記 (16) や (17) のように，補文が疑問文になっている文を，間接疑問文（indirect question）という．間接疑問文が一般疑問文に対応する意味の場合には，(16a, b) のように，補文標識として if または whether が用いられる（⇒ 2.2）．間接疑問文では，主語と助動詞の倒置は起こらない（(16c)）．

(16) a. I wonder [$_{CP}$ if [$_{IP}$ you know that you're trying to escape from yourself and that you'll never succeed]].
          （映画 *Casablanca* より）
  b. We haven't quite decided [$_{CP}$ whether [$_{IP}$ he committed suicide or died trying to escape]].   (*ibid.*)
  c. *I wonder did he leave. (*cf.* I wonder if he left.)

whether が CP の主要部ではなく指定部の位置に生起しており，CP の主要部は音形のない補文標識（[Q] 素性）である，という分析もある．

(17a) のように，補文が特殊疑問文に対応する間接疑問文の場合には，

補文 CP の指定部に疑問詞が移動する．補文 CP の主要部は，音形のない補文標識（[Q] 素性と [WH] 素性）である．音形のある補文標識は，(17b) のように，疑問詞と共起できない．また，(17c) のように，間接疑問文では主語と助動詞の倒置も許されない．

(17) a. Aaron wonders [$_{CP}$ what$_i$ [$_{C'}$ [$_C$ Q WH] [$_{IP}$ he should play t_i]]].
　　 b. *Aaron wonders what that / if / whether he should play.
　　 c. *Aaron wonders what should he play?

定形節ばかりでなく，不定詞節も間接疑問文になれる．ただし if を用いることはできない．

(18) a. *I wonder [if to leave].
　　 b. I wonder [whether to leave].
　　 c. I wonder [what to buy].

以上は，いわゆる現代標準英語の場合であるが，方言や時代によっては，間接疑問文でも主語と助動詞が倒置したり，疑問詞と音形を持った補文標識が共起したりする．(19) は，ベルファスト英語（Belfast English）の例である（Henry 1995）．

(19) a. They wondered if / whether / *that we went.
　　 b. They wondered did we go.
　　 c. *They wondered if / whether did we go.
　　 d. They wondered which one that he chose.
　　 e. They wondered which one did he choose.

これらの例は，補文標識と倒置した助動詞が構造上同じ位置（C）を占め，疑問詞はそれとは異なる位置（CP 指定部）にあるという分析を支持している．

5.4　選 択 関 係

補文として間接疑問文が生起するかどうかは，主文述語の項構造

(⇒ 2.4) によって決まる．たとえば，wonder は補部に疑問文を選択するが，believe は疑問文を選択せず，命題を表す that 節を補部にとる．また，know は疑問文も平叙文も補部にとる．

(20) a. I wonder [who will win the race].
  b. *I wonder [that Aaron will win the race].
(21) a. *I believe [who will win the race].
  b. I believe [that Aaron will win the race].
(22) a. I know [who will win the race].
  b. I know [that Aaron will win the race].

(23a) の the time は，(23b) の間接疑問文 what time it was とほぼ同じ意味に解釈される．このように，決定詞句でありながら間接疑問文としての解釈を受ける表現を，潜在疑問文 (concealed question) という．

(23) a. I asked [the time].
  b. I asked [what time it was].

疑問文を補部に選択する動詞の中には，ask のように，その補部が DP として具現化しても CP として具現化してもよいものと，wonder のように，CP として具現化することしか許さないものがある．

(24) a. *I wondered [the time].
  b. I wondered [what time it was].

ask と wonder は，(25) に示したような項構造を持ち，ともに内項として疑問 (Question) を選択すると考えられるので，項構造から (23) と (24) の違いを導くことはできない．

(25) a. ask 〈Agent, Question〉
  b. wonder 〈Experiencer, Question〉

(23)/(24) の対比を説明する 1 つの方法は，(26) のように，項構造に意味役割だけでなく，統語範疇に関する情報も付け加えることである．

(26) a. ask ⟨Agent, Question⟩
           |
        { DP }
        { CP }
    b. wonder ⟨Experiencer, Question⟩
                              |
                              CP

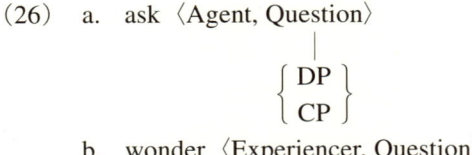

しかし，もし語彙情報を格納する心内辞書にこのような仕組みが備わっているとしたら，(27)に示した架空の語彙項目 WONKER のように，疑問の意味役割を担う項が DP として具現化することしか許さない述語が存在することを予測するが，実際にはそのような語彙項目は存在しない．

(27) WONKER ⟨Agent, Question⟩
                         |
                         DP

したがって，述語の選択関係を示すのに，意味役割に加えて統語範疇も用いることは，理論上好ましくない．

　Grimshaw (1981) は，意味役割ごとに，それが典型的にどのような文法範疇として構造的に具現化するか(標準的構造具現(canonical structural realization: CSR))を定めた，一般原理が存在するという提案を行なっている．(28) が標準的構造具現の例である．

(28) a. CSR (Agent) → DP
    b. CSR (Theme) → DP
    c. CSR (Goal) → DP / PP
    d. CSR (Proposition) → CP
    e. CSR (Question) → CP

これによると，たとえば動作主は通常，DP として構造的に実現される．この考え方によると，述語に選択される項の統語範疇は，その項の担う意味役割に基づいて自動的に決定されるので，個々の語彙項目ごとにその項の統語範疇を指定する必要はない．ただし，これだけでは，上述の ask と

wonderの違いは捉えられない．そこでGrimshaw (1981) は，askのように，標準的構造具現に加えてそれ以外の可能性も許す「例外的な」語彙項目の場合にだけ，例外的に許される統語範疇に関する情報が辞書に記載される，という提案を行なっている．この説によると，askとwonderの選択関係に関する情報は，次のようになる．

(29)　a.　ask 〈Agent, Question〉
　　　　　　　　　　　|
　　　　　　　　　　 DP
　　　b.　wonder 〈Experiencer, Question〉

Pesetsky (1982) は，Grimshaw (1981) のCSRの考え方をさらに押し進めて，askとwonderの違いは，CSRと格フィルターとの相互作用によって説明できるので，(29)のような「例外」を扱う仕組みは不要であると論じている．まず，Pesetsky (1982) は，疑問のCSRとして，CPとDPの両方を認めている．

(30)　CSR (Question) → CP / DP

askは，(31a)のように受動化できることからもわかるように，格付与能力を持っており，上記(23a)のように補部にDPが現れた場合には，そのDPに対格素性を付与することができる．

(31)　a.　It was asked what time it was.
　　　b.　*It was wondered what time it was.

一方，wonderは，(31b)のように受動化できないことから推察されるように，格付与能力を持たない．そのため，上記(24a)のように補部にDPが現れても，格を付与することができず，格フィルターの違反を生じてしまう．CPは格素性を必要としないので，(23b)や(24b)のように，動詞の格付与能力にかかわらず補部として生起することができる．

　以上，この節では，述語の選択関係(項構造)を規定するさいに，意味的情報(意味選択 (semantic selection: s-selection))のみで十分なのか，それとも，それに加えて統語範疇に関する情報(範疇選択 (categorial selection: c-selection))も必要なのかに関する，議論の一端を紹介した．範疇選択は不必要であるとする Pesetsky (1982) の見通しは，理論的に魅力的であるが，さまざまな経験的問題点が指摘されており（たとえば Odijk (1997) などを参照），今後さらに研究が必要である．

5.5 移動の制約

疑問文における疑問詞の移動には，さまざまな制約がある．ここでは，そのうちのいくつかを概観する．

5.5.1 下接の条件

疑問文における疑問詞の移動は，原則的には，どんなに長距離でもかまわない．したがって，たとえば (32) のように，疑問詞が節境界をいくつも越えて移動している文も（記憶の問題などがあるので，実際の会話などで用いられることはないだろうが），文法的な文である．

(32) Whom did Sam say Harold thought the teacher had told us that Fred would get Susie to kiss *t* last Tuesday?

(Jackendoff 1994, 78)

しかし，一方で，疑問詞が (32) ほど長距離の移動をしていなくても，非文法的になる場合がある．たとえば，(33) と (34) の疑問詞の移動距離はほぼ同じで，(32) の疑問詞の移動距離よりも（少なくとも直感的には）短いが，(33) が文法的であるのに対して，(34) は非文法的である．

(33) What do you think [that Aaron would buy *t*]?
(34) 間接疑問文からの抜き出し
　　　*What do you wonder [when Aaron would buy *t*]?

一般に，(34) のように間接疑問文から疑問詞を抜き出すと，文の容認性が低くなることが知られている．この制約を，Wh 島の条件 (Wh-island Condition) という（間接疑問文の文頭には wh で綴りの始まる疑問詞がくることが多いことから，この呼び名がついた）．

また，関係詞節（relative clause）やいわゆる同格の that 節（CP が名詞の補部になっているもの）などのように，名詞句の内部にある節から疑問詞を抜き出すと，非文法的な表現になる．これを，複合名詞句制約（Complex NP Constraint）という．

(35)　関係節からの抜き出し
　　　* What did you find the man [who would buy t]?
(36)　名詞補文からの抜き出し
　　　* What did you hear the rumor [that Aaron had bought t]?

Chomsky (1973) は，Wh 島の条件や複合名詞句制約など，複数の移動の制約を統一的に説明する文法原理として，下接の条件（Subjacency Condition）を提案した．

(37)　下接の条件: 1 回の移動で，境界節点を 2 つ以上越えてはならない．

Chomsky (1973) では，S と NP が境界節点（bounding node）であるとされていたが，本書で示されている節の構造を仮定した場合には，IP と DP が境界節点であると考えてよい．(34), (35), (36) では，下に示したように，疑問詞 what が境界節点を 2 つまたは 3 つ飛び越えて移動しているため，下接の条件に違反する．

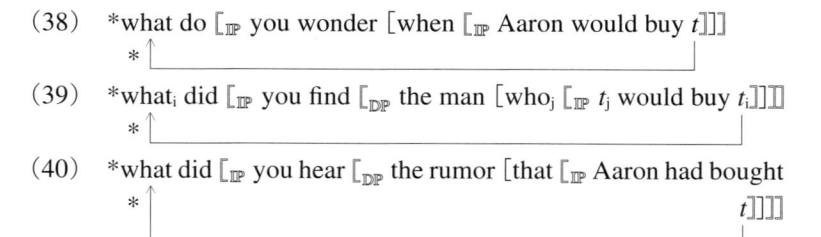

(38)　*what do [$_{IP}$ you wonder [when [$_{IP}$ Aaron would buy t]]]
　　　*
(39)　*what$_i$ did [$_{IP}$ you find [$_{DP}$ the man [who$_j$ [$_{IP}$ t$_j$ would buy t$_i$]]]]
　　　*
(40)　*what did [$_{IP}$ you hear [$_{DP}$ the rumor [that [$_{IP}$ Aaron had bought t]]]]
　　　*

(33)の疑問詞も，(41)のように移動すれば，一度に IP を 2 つ越えるので，下接の条件に違反する．しかし，(42)のように，いったん補文 CP の指定部の位置まで移動し，そこからさらに主文 CP の指定部の位置ま

で移動すれば，それぞれの移動で越える境界節点は1つなので，下接の条件に違反しない．

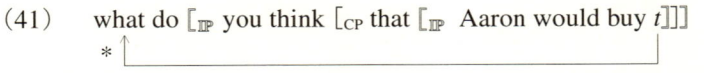

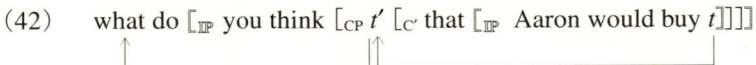

(41)　　what do [IP you think [CP that [IP Aaron would buy t]]]
　　　＊

(42)　　what do [IP you think [CP t′ [C′ that [IP Aaron would buy t]]]]

上記 (32) のように非常に長い移動を含む場合も，同様に，疑問詞の元位置と文頭の移動先との間にある，複数の補文 CP の指定部の位置に立ち寄りながら移動すれば，下接の条件を守って文頭まで到達できる．このように，短い移動を連続的に適用することを，移動の連続循環的適用といい，その結果行なわれる移動を，連続循環的移動 (successive cyclic movement) という．

(34/38) や (35/39) では，補文 CP の指定部の位置にすでに別の疑問詞が入っており，what の移動のさいにそこを利用することができないので，連続循環的移動によって下接の条件の違反を回避することはできない．(36/40) の場合は，that 節の指定部が空いているので，そこを経由して移動できる．しかし，そのようにしても，2番目の移動で境界節点を2つ (IP と DP) 越えるので，どのみち下接の条件に違反する．

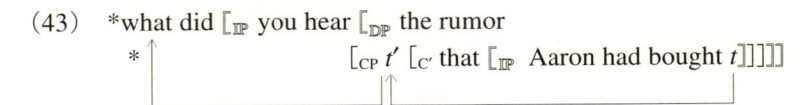

(43)　　*what did [IP you hear [DP the rumor
　　　＊　　　　　　　　　　　　　　　　[CP t′ [C′ that [IP Aaron had bought t]]]]]

疑問詞の長距離移動が，中間の CP 指定部を経由して行なわれるという分析は，さまざまな事実によって支持される．たとえば，アイルランド語では，平叙文の補文標識は go だが，疑問詞の移動が起きると，中間の補文標識の形が aL に変化する (McCloskey 1979)．

(44)　　Cén t-úrscéal aL mheas　mé [CP aL dúirt sé [CP aL thuig　　sé]]?
　　　　which novel　C　thought　I　　　C　said　he　　C　understood　he
　　　'Which novel did I think that he said that he understood?'

これは，疑問詞が中間の CP 指定部に立ち寄るさいに，その主要部である補文標識と，主要部・指定部の関係で，一種の文法的一致が行なわれるためであると考えられる．

　また，英語を獲得中の幼児の中には，一貫して (45) のように，補文の先頭にも疑問詞を含む発話を産出する幼児がいる (Thornton 1990; Thornton and Crain 1994)．

(45)　What do you think what the baby drinks?

これも，疑問詞が補文の先頭を経由して移動すると考えると，説明がつく．

　疑問詞の連続循環的移動は，再構築現象によっても支持される．2.6 節で述べたように，himself などの照応形は，先行詞に c 統御されていなければならない（c 統御条件）．したがって，たとえば，himself が先行詞 John に c 統御されている (46a) は文法的であるが，himself が John に c 統御されていない (46b) は非文法的である．しかし，実は，照応形の認可には c 統御条件だけでは不十分で，これに加えて，「照応形は先行詞の近くになければならず，間に関係のない主語が介在してはならない」（局所性条件 (Locality Condition)）という制約がある．そのため，himself と John の間に別の主語 (Mary) が介在している (46c) は，himself が John に c 統御されているにもかかわらず，局所性条件の違反によって非文法的になっている．

(46)　a.　Mary believes that John bought a picture of himself.
　　　b.　*Mary believes that John's mother bought a picture of himself.
　　　c.　*John believes that Mary bought a picture of himself.

　(47a) は，一見これらの条件に違反しているように見えるが，移動のコピー理論（痕跡は移動要素と同一のコピーである）を仮定すると，(47b) のように，痕跡中の himself が John に同一節内で c 統御されており，照応形の c 統御条件と局所性条件が，ともに満たされている（⇒ 2.6）．

(47) a. Which picture of himself did John buy?
b. [which picture of himself] did John buy [which picture of *himself*]

さて，ここで興味深いのは，(48)が二義的で，himself が John をさす解釈と，himself が Bill をさす解釈のどちらも許す，ということである．

(48) Which picture of himself does Bill believe that John bought?

himself = John という解釈は，(49)のように，疑問詞句の元位置にある痕跡中の himself が John を先行詞に取ると考えれば，(46a)とほぼ同じ構造になるので，説明がつく．

(49) [which picture of himself] does Bill believe [CP that [IP John bought [which picture of *himself*]]]

しかし，(49)の構造では，himself = Bill という解釈は説明できない．なぜなら，himself と Bill の間には関係のない主語 (John) が介在しており，非文法的な (46c) の himself と John の構造関係とほぼ同じだからである．ここで，疑問詞句が補文 CP の指定部を経由して移動し，そこにも痕跡を残すと仮定すると，(50a)のように，補文の先頭にも疑問詞句のコピーが存在することになる．

(50) a. [which picture of himself] does Bill believe [CP [which picture of *himself*] [C' that John bought [which picture of himself]]]
b. Bill wonders [CP [which picture of *himself*]ᵢ [C' Mary bought tᵢ]]

(50a)の構造では，補文 CP の指定部中の himself が，Bill に c 統御されており，しかも himself と Bill の間には主語が存在しない．これは，(50b)の himself と Bill の関係と同じであり，c 統御条件も局所性条件もともに満たしている．したがって，himself が Bill を先行詞にとる解

釈が許される．このように，疑問詞句の連続循環的移動を仮定すると，(48) のような文の二義性がうまく説明できる．

5.5.2 摘出領域条件

下記 (51) のように，主語から構成素を抜き出すと，非文法的になる．これを，主語条件 (Subject Condition) という．また，(52) のように，付加部から抜き出した場合も文の容認度が下がり，これは付加部条件 (Adjunct Condition) と呼ばれることがある ((51)，(52) の例文は Huang (1982) から引用)．

(51) 主語からの抜き出し
 a. *Who do you think that [pictures of t] are on sale?
 b. *Who did he say that [for Bill to marry t] was a surprise?
  (*cf.* He said that for Bill to have married Ann was a surprise.)
(52) 付加部からの抜き出し
 a. *Which class did you fall asleep [during t]?
 b. *Who did Mary cry [after John hit t]?

Huang (1982) は，主語条件と付加部条件を統一し，概略 (53) のような内容の，摘出領域条件 (Condition on Extraction Domain: CED) を提案した．

(53) 摘出領域条件: 補部以外の領域から構成素を抜き出すことはできない．

主語も付加部も補部ではないので，これらの領域から疑問詞などを抜き出すと，摘出領域条件に違反する．

5.5.3 最短連結条件

5.1 節で見た主要部移動制約と，5.2 節で見た優位性条件は，それぞれ主要部移動と A バー移動に課せられる制約で，一見すると互いに無関係に感じられる．しかし，この両者はともに，移動の候補になる要素が複数

ある場合には，それらを牽引する範疇（屈折辞や補文標識）にもっとも近い要素が実際に移動することを求めているという点で，抽象的な性質が非常によく似ている．

(54) a. [$_{CP}$ [$_C$ Can$_i$ [Q]] [$_{IP}$ the rumor t_i be true]]?
b. *[$_{CP}$ [$_C$ Be$_j$ [Q]] [$_{IP}$ the rumor can t_j true?]]
(55) a. [$_{CP}$ Who$_i$ [$_{C'}$ [$_C$ do [Q WH]] [$_{IP}$ you think t_i will say what]]]?
b. *[$_{CP}$ What$_j$ [$_{C'}$ [$_C$ do [Q WH]] [$_{IP}$ you think who will say t_j]]]?

このような性質は，すべての統語的移動が満たさなければならないきわめて一般的なものであるとして，Chomsky (1995, 297) は，(56) のような最短連結条件 (Minimal Link Condition) を提案している．

(56) 最短連結条件: K は，K に牽引されうる素性を持った構成素の中で，K にもっとも「近い」ものを牽引する．
(57) K が α を c 統御し，α が β を非対称的に c 統御するとき，α のほうが β よりも K に「近い」．

最短連結条件は，すべての統語的移動に課される制約なので，A 移動もこの制約に従う．たとえば，繰り上げ構文における DP の移動は，A 移動の一種で，屈折辞（の EPP 素性）に牽引されて起こる．この移動は，(58a) に示したように連続循環的に適用でき，結果的に複数の節境界を越えた移動が可能である．しかし，(58b) のように，間に主文屈折辞により近い別の DP がある場合には，それを飛び越えて移動することは許されない．

(58) a. [$_{IP}$ Aaron$_i$ [$_{I'}$ I [$_{VP}$ seems [$_{IP}$ t_i' to be certain [$_{IP}$ t_i to leave]]]]].
b. *[$_{IP}$ Aaron$_i$ [$_{I'}$ I [$_{VP}$ seems [$_{IP}$ it is certain [$_{IP}$ t_i to leave]]]]].

以上 5.5 節では，統語的移動に課せられる制約の中から，とくに重要であると思われる 3 つの制約，すなわち，下接の条件，摘出領域条件および最短連結条件を紹介した．いうまでもなく，これらの制約はあくまで暫定的な仮説であり，さまざまな問題点を含んでいる．その 1 つが，余剰性

の問題である．5.5.1 節で見たように，Wh 島からの抜き出しは下接の条件に違反するが，5.5.3 節の最短連結条件にも違反し，2 つの独立した文法原理によって二重に排除される．また，5.5.2 節で見た主語からの抜き出しも，摘出領域条件と下接の条件の両方に違反する．これまでの生成文法の歴史を振り返ると，このように余剰性の見られる文法の仕組みは，後になって間違いであることが判明することが多い．この問題の検討も含めて，移動の性質のより詳しい議論については，本シリーズの第 10 巻『左方移動』および第 11 巻『右方移動と焦点化』などを参照されたい．

5.6 関係詞節

英語の関係詞節は，一般に，関係詞の移動を含んでいる．たとえば (59) では，関係詞 which が，動詞 owns の補部の位置から関係節の先頭に移動している．

(59)　I have visited the country house [which$_i$ Aaron owns t_i].

関係節の内部構造は間接疑問文とほぼ同じで，(59) の関係節は (60) のような構造をしている．

(60)　[$_{CP}$ which$_i$ [$_{C'}$ [$_C$ Rel] [$_{IP}$ Aaron owns t_i]]]

関係節の補文標識は，関係詞を牽引する性質を持つ音形のない素性（[Rel] 素性）を持つ．

関係詞の移動は，疑問文における疑問詞の移動と同じ，A バー移動である．(61a) のように長距離移動が可能であるが，5.5 節で見た移動の諸制約に従うので，たとえば，Wh 島や複合名詞句から関係詞を抜き出すと，(61b, c) のように，容認性が低くなる．

(61)　a.　I have visited the country house [which$_i$ Becky believes [that Aaron owns t_i]].
　　　b.　*I have visited the country house [which$_i$ Aaron wonders [when he should visit t_i]].
　　　c.　*I have visited the coutnry house [which$_i$ Aaron made [the

claim [that he owns t_i]]].

(62a, b) の関係節は，一見すると関係詞を含んでいないように見える．しかし，実はこのような関係節の中には，音形のない関係詞（= 空演算子 (empty operator: Op)）が存在し，それが関係節 CP の指定部の位置に移動している．

(62) a. I have visited the country house [$_{CP}$ Op$_i$ [$_{C'}$ that [$_{IP}$ Aaron owns t_i]]].
b. I have visited the country house [$_{CP}$ Op$_i$ [$_{C'}$ [$_C$ Rel] [$_{IP}$ Aaron owns t_i]]].

空演算子の移動は，音形のある関係詞や疑問詞の移動と同様に，移動の諸制約に従う．このことが，関係節中に空演算子およびその移動を仮定する，1つの根拠になっている．

(63) a. I have visited the country house [Op$_i$ (that) Becky believes [that Aaron owns t_i]].
b. *I have visited the country house [Op$_i$ (that) Aaron wonders [when he should visit t_i]].
c. *I have visited the coutnry house [Op$_i$ (that) Aaron made [the claim [that he owns t_i]]].

5.7　話題化と否定要素前置

(64) のように，文中の任意の構成素を話題（topic）として主語の前へ移動する操作を，話題化（Topicalization）という．

(64) These books$_i$ you should buy t_i.

また，(65) では，否定語句が前置されて節全体が否定され，主語と助動詞の倒置が起きているが，このような文における否定語句の移動を，否定要素前置（Negative Preposing）という．

(65) Under no circumstances$_i$ would we accept their offer t_i.

話題化も否定要素前置も A バー移動なので，長距離移動が可能であり，移動の諸制約に従う．(66b) と (67b) は Wh 島からの抜き出し，(66c) と (67c) は複合名詞句からの抜き出しの例である．

(66) a. These books, Aaron said [that he had forgotten [to buy t]].
　　 b. *These books, Aaron wonders [where he should buy t].
　　 c. *These books, Aaron made [the claim [that he had bought t]].

(67) a. In none of these houses do I believe [that a student could live t safely].
　　 b. *In none of these houses do I wonder [whether a student could live t safely].
　　 c. *In none of these houses did I make [the claim [that a student could live t safely]].

(64) や (65) の語順から判断すると，話題化や否定要素前置の移動先は，疑問文における疑問詞の移動と同様に CP 指定部であり，(64), (65) はそれぞれ次のような構造をしていると考えられる．

(68) 　[$_{CP}$ these books$_i$ [$_{C'}$ C [$_{IP}$ you should buy t_i]]]
(69) 　[$_{CP}$ under no circumstances$_i$ [$_{C'}$ would$_j$-C [$_{IP}$ we t_j accept their offer t_i]]]

(68) の補文標識は，話題を牽引する素性(話題素性 (topic feature: TOP)) を含み，(69) の補文標識は否定要素を牽引する素性(否定素性 (negative feature: Neg)) を含む．

興味深いことに，文頭の話題と否定要素は共起でき，「話題・否定要素」という順に並ぶ．

(70) a. To John, nothing would we give.
　　 b. *Nothing, to John would we give.

このことは，補文標識が話題素性と否定素性を両方同時に持つことが可能

で，これらに対応した2つの指定部が，CP内に投射されることを示唆している（Koizumi 1993, 1995）．話題は外側の指定部（outer SPEC）に，否定要素は内側の指定部（inner SPEC）に，それぞれ移動する．

(71) [$_{CP}$ To John$_i$ [$_{C'}$ nothing$_j$ [$_{C'}$ would$_k$-C [$_{IP}$ we t_k give t_j t_i]]]]

このように，同一の句に現れた複数の指定部を，多重指定部（multiple specifiers）という．多重指定部を認可する主要部は，複数の素性を持つことができ，それらの素性を一定の順序で指定部の要素と照合する．（多重指定部に関する詳しい議論は Ura (2000) を参照されたい．）

疑問文の疑問詞と話題が共起する場合は，「話題・疑問詞」という語順になるので，疑問詞は否定要素と同様に，CPの内側の指定部に移動することがわかる．

(72) a. And a book like this, to whom would you give?
 (Delahunty 1983)
 b. *To whom, a book like this, would you give?

疑問詞と否定要素は移動の着地点が同じなので，同一節内に共起できない．

(73) a. *[Only with great difficulty] [on which table] would she put the big rock?
 b. ?*[On which table] [only with great difficulty] would she put the big rock?

話題や否定要素は，ある種の補文内にも生起するが，そのさい，これらは補文標識よりも右側に現れる．

(74) a. Robin says [$_{CP}$ that, *the birdseed*, [$_{IP}$ he is going to put in the shed]]. (Lasnik and Saito 1992)
 b. Becky said [$_{CP}$ that *at no time* would [$_{IP}$ she agree to visit Marty]].

このことは，ある種の補文においては，CPとIPの間にもう1つ，CPに

似た性質の句が存在することを示唆している．（CP 的な性質の句が複数存在するという考えを，分離補文標識句仮説（Split CP Hypothesis）と呼ぶことがある（Watanabe (1996) などを参照）．）この句はさまざまな名前で呼ばれているが，ここでは Culicover (1991) の用語を採用して Polarity Phrase (PolP) と呼ぶことにする．PolP を用いて (74a, b) の補文の構造を示すと，次のようになる．

(75) a. [$_{CP}$ that [$_{PolP}$ the birdseed [$_{Pol'}$ Pol [$_{IP}$ he is going to . . .]]]]
b. [$_{CP}$ that [$_{PolP}$ at no time [$_{Pol'}$ would-Pol [$_{IP}$ she agree to . . .]]]]

補文においても，話題と否定要素はこの順番で共起する．

(76) a. Becky said that these books, only with great difficulty can she carry.
b. *Becky said that only with great difficulty these books can she carry.

このことから，PolP も多重指定部を許し，外側の指定部に話題が，そして内側の指定部に否定要素が，それぞれ現れることがわかる．

　補文の場合に，話題や否定要素が CP ではなく PolP に生起するという事実は，主文においても，これらの要素が生起する場所が PolP である可能性を示唆している．すなわち，上で見た (68), (69), (71) などで CP とされている範疇は，実は PolP であり，主文には「補文」標識は存在しない可能性がある（Koizumi 1995）．

5.8　言語間変異

　ここでは，疑問詞の移動に関する言語間の違いを，ごく簡単に概観する．まず，特殊疑問文において，疑問詞が移動する言語と移動しない言語がある．英語は前者のタイプで，日本語や中国語は後者のタイプである．（日本語では「掻き混ぜ」(scrambling) によって疑問詞を文頭に出すことができるが，これはまったく別のタイプの移動である．詳しくは本シリーズの第 13 巻『英語から日本語を見る』を参照されたい．）

(77) a. Who do you think *t* will buy what?
    b. *Do you think who will buy what?
(78) 君は[誰が何を買ったと]思っているの？

フランス語のように，疑問詞の移動が随意的な言語もある．（ただし，これは直接疑問文の場合で，間接疑問文では疑問詞の移動が義務的である．）

(79) a. Qui as-tu   vu?   b. Tu as   vu qui?
        who have-you seen   you have seen who
        'Who did you see?'   'Who did you see?'

次に，疑問詞が文頭に移動するタイプの言語には，英語のように疑問詞が1つだけ移動する言語と，ブルガリア語やセルボ・クロアチア語（Serbo-Croatian）のように，すべての疑問詞が移動する言語がある．

(80) a. Who do you think *t* will buy what?
    b. *Who$_i$ what$_j$ do you think t_i will say t_j?
(81) a. ブルガリア語   b. セルボ・クロアチア語
        Koj kogo vižda?   Ko koga vidi?
        who whom sees   who whom sees
        'Who sees whom?'   'Who sees whom?'
                                            (Rudin 1988)

すべての疑問詞が文頭に移動する言語は，さらに2種類に分かれ，ブルガリア語やルーマニア語では，すべての疑問詞がCP（またはPolP）の指定部に移動するが，セルボ・クロアチア語やチェコ語では，先頭の疑問詞のみがCP（またはPolP）の指定部に入り，2番目以降の疑問詞はIPに付加している，と言われている（Rudin 1988）．

第 6 章　命令文の構造

　ここまで，平叙文と疑問文を中心として，英語の文の基本的構造を検討してきたが，本章および次章では，命令文と感嘆文について，ここまでの分析をふまえて検討していきたい．

　まず，命令文には大きく分けて次の 4 つのタイプがあるので，以下において，これらを順に検討してゆくこととする．

（1）　a.　2 人称命令文
　　　　　（ⅰ）　Open the door.
　　　　　（ⅱ）　Please help me.
　　　　　（ⅲ）　(You) Do finish your homework by tomorrow.
　　　　　（ⅳ）　Don't (you) touch this picture.
　　　b.　1 人称命令文
　　　　　（ⅰ）　Let's go camping.
　　　　　（ⅱ）　Let's everybody join the club.
　　　c.　条件節的擬似命令文
　　　　　Tell it to your mother, and / or I'll fix you.
　　　d.　命令疑問文
　　　　　Could you please pass the salt?

6.1　2 人称命令文

　命令文について，他の構文と顕著に違う第一の点は，主動詞が原形であるということである（例文 (2) は Baker (1995, 471) より）．

（2）　a.　Eat / *Eats your spinach.

b. Sign / *Signs your name on this line.
   c. Have / *Has / *Had a cookie.
   d. Be / *Are patient.

この，原形を要求するという特質は，法助動詞の直後の動詞と同じものである．

（3） a. I can speak / *spoke English.
     b. John ought to do / *does his own work.

仮に文の構造を，基本的に平叙文の構造と同様，以下のようなものであるとする（ここでは，議論に関わりがないので，AGR などは省略した簡略な構造のほうを示す）．

（4） [IP John [I can] [VP speak English]]

当然，命令文の構造も，この種の構文と最小限の違いしか持っていないものと考えるべきであろう．本書では，抽象的な素性の集合である命令文のための I（仮に IMP（imperative）と呼ぶ）が存在し，それが時制を担い（時制がない可能性もあるが，ここでは仮にあるものとして TENSE としておく），そのため命令文の主動詞に時制形式がないという分析（5a）をとり，古くから提唱されてきた（5b）のような省略・削除構文としての分析はとらないこととする．

（5） a. 抽象的な I による分析
        [IP (You) [I [IMP + (TENSE)]] [VP speak English]]
     b. 削除変形による分析
        [IP You [I shall] [VP speak English]]
        → [IP φ [I φ] [VP speak English]]
        （基底の助動詞を shall にしたのは意味的近さからであって，それ以上の意図はない）

その理由は，本書で提示してきた理論体系では，基本的に派生のメカニズムとして，併合と移動（一致）しか認めていないので，（5b）をとるためには，新たに削除というメカニズムを付け加えるか，削除を音韻部門におけ

る規則(たとえば,統語的構築物のどの部分が発音されないかに関する規則性の一部)と考えるしかないが,命令文形成以外の削除現象の多くは,文脈から推測できるものが多く,命令文とは事情が異なるからである.たとえば,(6)のような例では,what以下に省略されているものはJohn was studyingであるということが,前の文脈から容易に推測可能である.

（6） I saw John study in his room, but I don't know what.

しかしながら,命令文における省略は,その種のものとは一線を画するものであるように思われる.命令文においては,上の文の場合と異なり,削除要素に対する先行詞が見受けられない.そのため,命令文を省略規則によるものであるとすると,削除の動機づけを定義するのがきわめて困難になる.もしそれが可能であるとしても,「命令を表現する場合」のようなものになってしまい,結局(5b)のように,抽象的な命令を表す空の助動詞を仮定するのと,さして変わらないことになってしまう.本章では,抽象的な命令文のIが存在すると仮定して,議論を進めていくことにする.主語にどのように格を与えるのかなどについて問題はあるが,これについては後述する.

通常の命令文の第二の特徴として,主語に関する制限がある.命令文の主語は,省略されたりされなかったりするのであるが,通常の命令文で省略が行なわれている場合,それは必ず2人称主語である.たしかに,命令という発話行為の特質を考えたときに,それは聴者に向かってのものである場合が圧倒的に多いので,ある意味でそれは当り前であると言ってもよいのであるが,それを支持する統語的証拠が,古くから提示されている.まず第一にあげられるのが,代名詞・再帰代名詞に関する議論である.第2章で提示したように,再帰代名詞は原則として,同一節内で先行詞にc統御される位置になくてはいけない.一方,人称代名詞はその逆で,同一節内で先行詞にc統御されてはいけない.

（7） a. $John_i$ loves *him_i / $himself_i$.
b. $John_i$ thinks that Mary loves him_i / *$himself_i$.

それを踏まえたうえで，(8)を見ると，命令文中の代名詞・再帰代名詞の先行詞の人称について，厳しい制限があることがわかる（例文(8)はMcCawley (1998, 546) より）．

(8) a. Defend me / *you / him / us / them.
    b. Defend *myself / yourself / *himself / *ourselves / *themselves.

単文の命令文の目的語として，2人称の代名詞が許されないこと，再帰代名詞としては2人称のみ許されることは，この命令文の節の中にそれらをc統御する2人称の要素，おそらくは主語が存在することを示しており，このことからも，通常の命令文は基本的に2人称の主語を持つものであることがわかる．また，この事実は，先に述べたように，抽象的な発音されない2人称主語が命令文に存在することを示すのである．

(9) [$_{IP}$ 2nd$_i$ [$_I$ IMP + (TENSE)] [$_{VP}$ defend yourself$_i$]]

この抽象的主語の正体が，2人称，すなわち発音されないyouであることは，付加疑問文のついた命令文からもわかる．

(10) Open the door, won't you / *he / *I? （McCawley 1998, 547)

命令文に付加された付加疑問文の主語は，youでなくてはいけない．これも，命令文に潜在的にyou，つまり2人称主語が存在していることを示しているのである．

命令文には，主語がつく場合もある．その主語は2人称に限らず，somebody，everybodyのような集団を表す名詞句であることもある．

(11) a. Somebody please help me.
    b. Everybody come to me.
    c. Anybody save his life.
    d. Nobody say a word.

これを一種の呼格（vocative）名詞句と捉える考え方も，可能性としてはあるが，McCawley (1998) に従い，ここではこれらは呼格ではないと考

えることにする．3つの事実がこの結論を支持する．第一に，Stockwell, Schachter and Partee (1973) がすでに指摘しているように，呼格を先行詞とする照応形は2人称しかありえないが，(11) のような種類の文では，2人称に加えて，主語の形式と一致した3人称の照応形も許すという事実がある（(12) は McCawley (1998, 551) より）．

(12) a. Somebody$_i$, take off your$_i$ / *his$_i$ coat.
   b. Somebody$_i$ take off your$_i$ / his$_i$ coat.

(12b) は，somebody が命令文の主語として機能していることを明示している．

 第二に，呼格と命令文の主語が同時に現れる場合もある．

(13) Everybody, any one of you help me.

これは，主語と呼格の文法上の位置づけが違うことを示している．
 第三に，否定命令文において，呼格は否定要素の直後に現れることができない．

(14) *Don't, Harry, leave this room.

しかし，主語つき否定命令文の主語は，否定の直後に現れることができ，しかもいわゆる not 〜 any の極性 (polarity) を示す．

(15) Don't anybody / *somebody move.

これは，主語つき命令文の主語が，明確に文の中核をなす要素として存在していることを示している．
 以上のことから，主語つき命令文は，以下のような構造を持っているものと考える．

(16) [$_{IP}$ Everybody [$_I$ IMP + (TENSE)] [$_{VP}$ come to me]]

 主語つき命令文の主語は，統語的に2人称なのであろうか，3人称なのであろうか．先に述べた代名詞の例 (12b) では，どちらともとれる結果

が出ていたが，その他の構文においては，一見矛盾する結果が得られる．まず，主語つき命令文に付加疑問をつけると，付加部の主語は必ず2人称になる（Bouton 1982）．

(17) a. Somebody help me, will you / *he?
     b. Nobody move, will you / *he?

これは，主語の2人称性を表しているように見える．

ところが，Bolinger (1977) が述べているように，主語つき命令文内の再帰代名詞は，主語の形式上の特徴，すなわち3人称に義務的に一致する．

(18) a. Everybody serve *yourself / himself in this cafe.
     b. Nobody say a word about *yourself / himself.

命令文の主語の人称についての結論は，今後の研究を待ちたい．

6.2 否定命令文と支えの Do

次に，否定命令文について考えていきたい．否定命令文が通常の命令文ともっとも違うのは，いわゆる「支えの do」（迂言的助動詞（periphrastic auxiliary））が，肯定命令文では随意的なのに対して，否定命令文では義務的であるということである（(19) は (McCawley (1998, 549) より)．

(19) a. Don't close the door.
     b. Don't be sleeping when they arrive.
     c. *Be not / -n't sleeping when they arrive.
     d. Don't have finished the job yet when we get back.
     e. *Haven't finished the job yet when we come back.

(19) では，don't という縮約形を用いているが，必ずしも縮約しなくてはいけないというわけではない．

(20) a. Do not close the door.
     b. Do not be serious.

否定命令文でも，主語が出現する場合がある．ただしその場合には，3つの際立った特徴がある．1つは，助動詞 don't の倒置が起こることである．

(21) a. Don't you bastards come near me.
　　 b. *You bastards don't come near me.
　　 c. Don't any of you leave the room.
　　 d. *Any of you don't leave the room.

倒置をしない形も存在するようであるが（e.g. Non-members don't forget their teachers.），これは呼格と区別がつきにくいので，考慮から外す．

　主語つき否定命令文の第二の特徴は，do not は必ず縮約し，don't という形で表出されなくてはいけない，ということである．

(22) a. Don't you bastards come near me.
　　 b. *Do not you bastards come near me.
　　 c. *Do you bastards not come near me.
　　 d. Don't any of you leave the room.
　　 e. *Any of you do not leave the room.
　　 f. *Do any of you not leave the room.

これは，Yes-No 疑問文などにおいて，否定辞 not と do が縮約する必要がないという事実と異なっており，主語つきの否定命令文独自のものである．

　主語つきの否定命令文の第三の特徴は，Zhang (1991) が述べているように，否定命令文における主語は主格が与えられているとする，積極的証拠がないということである．以下の例文を参照されたい（Zhang 1991, 361）．

(23) a. *Don't you and he fight again.
　　 b. Don't you and him fight again.

主語が等位接続されたときに，3人称代名詞として現れているのは対格の him であり，主格の he ではない．

以上を踏まえて，ここでは主語つき否定命令文を，下の (24) のように分析する．すなわち，主語は VP 内から IP 指定部へ移動し，その主語を越えて，don't が I から C に移動していると考えるのである．

(24) [$_{CP}$ [$_C$ do[$_{Neg}$ n't$_j$] + IMP$_i$] [$_{IP}$ [$_{DP}$ you and him]$_k$ [$_I$ t_i] [$_{NegP}$ t_j [$_{VP}$ t_k fight again]]]]

ここで，音形を持った主語名詞句が，どのようにして格を与えられているかが問題となる．命令文には時制がないので，この構文の主語に適切な格を与える手段は，ここまで紹介してきた理論体系においては，存在していない．したがって，主語の名詞句を認可するためには，なんらかの特殊な手段が必要となる．たとえばそれは，Chomsky (1995, 1998) などにおける，空格 (3.6.5 節の「コントロール構文」参照．たとえば，John tried PRO to study hard. の PRO を，名詞句として認可するために必要な格として提示された) のようなものかもしれないし，日本語などにおける多重主格構文を説明するために提案された，デフォルト格 (default Case) のようなものかもしれない．ここでは，格として出現する特殊な形式は，一種の空格のようなものとして扱い，これ以上議論しない．命令文の I の指定部に主格を与えることができないことから，命令文の I には時制がないものとして考える．(25) のように VP 内に主語をとどめる分析も，可能性としては考えられる．

(25) [$_{IP}$ e [$_I$ don't$_i$ + IMP] [$_{NegP}$ t_i [$_{VP}$ [$_{DP}$ you and him] [$_{V'}$ fight again]]]]

しかし，この場合，主語名詞句の認可がどのようになされるのか不明な点が多いので，ここでは採用しないこととする．

そうすると，問題は次の 3 点となる．

(26) a. 否定命令文に主語がない場合，なぜ縮約は随意的なのか．
  b. 否定命令文に主語がある場合，なぜ必ず倒置が起こるのか．
  c. 否定命令文に主語がある場合，なぜ必ず縮約が起こるのか．

縮約は，基本的に，発音のうえで隣接する統語的要素が，発音上あたかも1語であるかのように振る舞うことである．隣接する要素は，必ずしも構成素である必要はない．

(27) a. [$_{IP}$ [$_{DP}$ I] [$_I$ am$_i$ + Pres] [$_{VP}$ t_i a student]] → **I'm** a student.
b. [$_{IP}$ I [$_{VP}$ want [$_{CP}$ [$_{IP}$ PRO [$_I$ to] be a teacher]]]] → **I wanna** be a teacher.
c. [$_{IP}$ I [$_I$ do] [$_{NegP}$ not [$_{VP}$ like it]]] → **I don't** like it.

また縮約は，(27a)のように指定部と主要部で生じたり，(27b, c)のように，統語的には必ずしも隣接していない主要部同士で生じる．そして，これらの縮約の多くは随意的である．

(28) a. I am a student.
b. I want to be a teacher.
c. I do not like it.

しかしながら，たとえば，否定疑問文のように，否定辞と支えの助動詞がともにIからCへ移動する場合には，縮約は義務的である．

(29) a. Aren't you my supervisor?
b. *Are not you my supervisor?
c. Are you not my supervisor?
(30) a. Don't you like the dishes?
b. *Do not you like the dishes?
c. Do you not like the dishes?

(29c), (30c)のように，否定辞がいっしょに移動しない場合は，もちろん縮約は起こらないが，(29b), (30b)のように両方が移動した場合は，必ず縮約が起こる．つまり，先の(26)の問題点は，以下のようにまとめることができる．

(26′) 否定命令文に主語がある場合，[I + 否定辞]のCへの移動がなぜ義務的なのか．

第6章 命令文の構造　137

　この問題について明確な解答を与えることは困難であるが，記述的一般化として，少なくとも以下のことは言えるであろう．

　(31)　否定辞は，支えの要素（ここでは do）に隣接していなくてはならない．

否定辞が do に隣接するためには，do の移動にともなって否定辞も移動せねばならず，いっしょに移動するためには，1つの要素とならねばならず，縮約が義務的となるのである．仮に，I のみならず C にも命令を表す補文標識があると考え，それが否定辞も含めた主要部移動のターゲットになっていると考えてみよう．そう考えた場合，do のみが移動すると (32) のようになり，否定辞には隣接する支えがなくなってしまう．命令文における助動詞の痕跡は，否定辞を支え，認可する能力がないのである．

　(32)　[$_{CP}$ [$_C$ IMP] [$_{IP}$ you [$_I$ do + IMP] [$_{NegP}$ not [$_{VP}$ move]]]]
　　　→ *[$_{CP}$ [$_C$ [do + IMP$_i$]] [$_{IP}$ you [$_I$ t_i] [$_{NegP}$ not [$_{VP}$ move]]]]

したがって，not と do はいっしょに移動する．いっしょに移動するためには，1つの単位になる，つまり縮約されていなければならないのである．

　(33)　[$_{CP}$ [$_C$ IMP] [$_{IP}$ you [$_I$ do + IMP] [$_{NegP}$ not [$_{VP}$ move]]]]
　　　→ [$_{CP}$ [$_C$ [do + IMP$_i$ [n't$_j$]]] [$_{IP}$ you [$_I$ t_i] [$_{NegP}$ t_j [$_{VP}$ move]]]]

　一方 (29c)，(30c) が示すように，否定疑問文における倒置では，否定辞は I とともに C へ移動しなくともよい．この違いはどこからくるのであろうか．おそらくは，否定疑問文における I は時制を持ち，それゆえ否定辞を認可する能力をもともと持っていることが，その原因であろう．疑問文とは違い，否定命令文には時制がないので，I が否定辞を認可できず，C までの移動が義務的となる．命令文の C，IMP がどのような素性照合によって否定辞を認可するのかについては，将来の研究を待ちたい．

　移動による分析をとると，疑問文形式の依頼表現，たとえば (34) のよ

うな表現の分析も，平行して (35) のように行なうことができる．

(34) Can you pass the salt, please?
(35) [$_{CP}$ [$_C$ IMP] [$_{IP}$ you [$_I$ can + IMP] [$_{VP}$ pass the salt]]]
→ [$_{CP}$ [$_C$ [can + IMP$_i$]] [$_{IP}$ you [$_I$ t_i] [$_{VP}$ pass the salt]]]

すなわち，疑問形依頼表現においても，否定命令文の場合と同様に，IMP の C が IMP の I を引きつけ，移動が起こるのである．この種の依頼表現における法助動詞表現に時制があるのかどうかなど，考えなければいけない問題は多いが，この分析は表現の包括的・統一的分析という大きな利点がある．

6.3 対比の **Do**

否定命令文において主要部移動が起こっていると仮定するならば，肯定命令文の場合にも，I は C に移動しているのであろうか．肯定命令文の場合は I が音韻的に現れないので，その移動を経験的に判断することは困難である．

(36) [$_{CP}$ [$_C$ IMP] [$_{IP}$ (you) [$_I$ IMP] [$_{VP}$ move]]]
→ [$_{CP}$ [$_C$ [IMP + IMP$_i$]] [$_{IP}$ (you) [$_I$ t_i] [$_{VP}$ move]]]
(IMP という同じ表示を使っているが，まったく同じ素性の束であるというわけではない)

ここでは，肯定の命令文においても，なんらかのレベルで移動が起こっているものと仮定する．そのほうが，IMP という要素の特徴づけが統一的に扱えるからである．

しかしながら，この仮定には，命令文の do は常に C にあると考えることになるので，1 つの問題点がある．それは，(37) のような do が現れた命令文に関する事実である．

(37) a. Do open the window.
b. Do be a bit nicer.
c. Do have finished your homework by tomorrow.

この do つき命令文も主語をともなうことがあるが，その場合（38）に示すように，倒置は起きない．

(38) a. Somebody do / *Do somebody open the window.
b. Folks do / *Do folks be a bit nicer.

Davies（1986）などに，Do someone help him quickly. のような形式が報告されているが，この種の構文では，主語としてもっとも中立的な命令文の主語である you が用いられない（*Do you be a bit nicer.）など，通例の命令文とは明らかに違う振る舞いがあるので，これを普通の命令文の主語として扱うことができるかどうかは，疑わしい．そこで，これを排除して考えると，倒置に関する事実は一見，肯定文と否定文で支えの do の振る舞いが異なるように見え，(38) の主語をともなう肯定命令文において，do の移動がないように見えることに対して説明が必要となる．

しかしながら，この肯定文における do は，否定のときのような支えの do ではないと考えられる．まず第一に，この do は一種の強調形と考えられ（今井・中島 1978），かつ単なる命令というよりは，要求・懇願などを表現すると言われている（McCawley 1998）．その証拠に，同様の意味を持つ形態素 please との共起は，不自然である．

(39) a. ??Please do help me.
b. *Do please help me.

一方，否定の don't は，please と共起することに問題はない．

(40) a. Please don't touch me.
b. Don't anybody touch me, please.

この点からも，否定命令文と肯定命令文の do は，別物であると考えられる．

第二に，概念的な議論になるが，命令文の IMP（本書で仮定しているように，もしそれがあるとすれば）は，先の主語なしの通常の命令文の事実が示すように，「支え」を必要としない，音形なしの要素である．した

がって，(37),(38) で必要のない「支え」があると考えるほうが不自然である．

第三に，支えの do(n't) は，条件用法の擬似命令文にも生じるが，please やここで問題にしている do は，擬似命令文には起こりえない．

(41) a. Don't move, or you'll be shot.
b. *Please don't move, or you'll be shot.
c. *Do freeze right here, or you'll be shot.

このことからも，支えの do(n't) と懇願・強調の do は，統語的にも意味的にも別物であることがわかる．命令文において主要部移動による倒置を起こすのは，支えの do(n't) と，疑問形式依頼表現の法助動詞だけなのである．

それでは，懇願・強調の do や please とは，いったい何であろうか．ここでは，一種の付加詞的なものであると考える．これらの表現は，I の位置に生じる IMP，あるいはその直接投射 (I′) に付加することにより，これらの特殊な意味を担っているのである．

(42) [$_{IP}$ (somebody) [$_{I'}$ (please / do) [$_{I'}$ [$_{I}$ IMP] [$_{VP}$ open the window] (please)]]]

この仮定には，2つほど問題点がある．1つは，強調・懇願の do が付加詞であるとすると，なぜ please のように文末に現れないかという問題である．

(43) *Open the window do.

これについては，他の文末に現れにくい副詞的表現と平行して扱うべきだと思われるので，ここでは特に述べない．2つ目は，下のような懇願表現がなぜないかである．

(44) a. *Do do it.
b. *Do don't move.
c. *Don't do move.

もしこの場合の do が強調・懇願の表現であるとするなら，do という本動詞や，否定の don't と共起してもよさそうなものである．これはおそらく，構文上必要性がない限り，同じ音形を持った表現を重ねてはいけないという，英語を含めた多くの言語に見られる制約によるのであろう．

(45) -ing 連続の制約（*cf.* Ross 1972）
    a. *It was beginning raining.
    b. It was beginning to rain.
    c. It began raining.
    d. It began to rain.

上の例は，-ing 形の連続が原則的に許されないことを示しているのであるが，それと同様に，必要のない限り do の連続を許さない，といったことも十分に考えられるのである．もちろん，同じ -ing 形の連続でも，「動名詞 + V-ing」（例: Being singing on stage is fun.），あるいは，very very very good のような強調の意味を持つ畳語的なもので，構文上・解釈上どうしても必要なものは許されるが，そのようなものを除き，不必要な同じ音形の連続は可能な限り避けるということである．たとえば，do の連続は，上に述べた肯定命令文における do の意味的内容を考えると，please で代用が可能である．もしこれが正しいとすると，(44) の容認不可能性は，音形決定の段階での問題であることになる．肯定命令文における do を please と平行して扱うべきものとし，支えの do(n't) と区別することによって，語順をはじめとする諸事実の説明が可能になるのである．この「必要のない限り重複を避ける」というような分析は，最適性理論（Optimality Theory）の発想に近いものがある．近年，とくに音韻論・形態論において主流となりつつある最適性理論の発想と，本書の基盤となっている最小性理論がどのような形で関わるのかについては，将来の研究を待ちたい．

6.4　埋め込み命令文

C に IMP という命令文の素性があって，それが同じく IMP の I を引

きつけるという分析をした．もちろんこれには，C に IMP が出現しうるという根拠が必要である．その意味で，以下のような構文は根拠になるかもしれない．

(46)　I asked [John to *please* help me].

ask という動詞の補文に，命令・依頼表現にしか生じない please が出現可能であるということは，とりもなおさず，この補文が命令文であるということを表している．すなわち，この文は，以下のような構造を持っていると考えられるのである．

(47)　I asked [$_{CP}$ [$_C$ [$_I$ IMP$_i$] + [$_C$ IMP]] [$_{IP}$ John [$_{I'}$ to please t_i [$_{VP}$ help me]]]]

特定の動詞が命令表現・依頼表現を選択しているということは，その表現の主要部に，選択上必要ではあるが明示されない素性があるということであり，IMP という素性が C に存在することを示している．

6.5　意味的制限

以上，命令文の統語的特徴を見てきたが，命令文には，さらに意味的制限が課せられる．それは，命令の内容は，命令された聴者にとって，意思・努力によって制御可能な (self-controllable) ものでなくてはならないということである．したがって (48) のような，動作，移動，意志で制御可能な一時的状態の表現は，命令文になりうるが，(49) のような，意志で制御できない表現は，命令文にならない．

(48)　a.　Go away.
　　　b.　See Chapter 1.
　　　c.　Enjoy your holiday.
　　　d.　Eat much.
　　　e.　Be quiet.
(49)　a.　*Belong to that baseball club.
　　　b.　*Be tall.

  c. *Resemble your sister.
  d. *Be sad.

したがって，IMP に課せられる一種の意味的制限，つまり，語彙項目としての IMP の選択制限として，(50) のようなものがあるということであろうが，これに関しての厳密な分析は稿を改めて行ないたい．

 (50) IMP: [I, ＿＿＿ [V: [+ 制御可能]]]

6.6 1 人称命令文

 命令文は，必ずしも 2 人称を対象として発せられるだけではない．以下のような構文では，1 人称を対象に命令文が発せられ，提案などを表す ((51) は McCawley (1998, 553) より)．

 (51) a. Let's go home.
   b. Let's not forget about Bert.

let's はもちろん，もともとは let us の縮約形なのであるが，let us の使役としての意味的・統語的役割を保持している構文と，そうでないものがある．以下，順を追って見ていく．
 まず，使役の意味を持つ let's であるが，この形式は let's (let us) のほかに，let them, let him のような形も存在する．

 (52) a. Let us / them / him go home.
   b. Let them not forget about Bert.

また，これらの表現には，聴者への依頼・懇願を表す please が出現可能である．

 (53) a. Please let us / them / him go home.
   b. Please let them not forget about Bert.

さらに，この種の命令文の否定形は，don't let (-'s / us / them / him / etc.) も，let (-'s / us / them / him / etc.) not も使うことができる．

(54) a. Let's / us / them / him not go home.
　　 b. Don't let's / us / them / him go home.

(54a, b) の否定文の意味の違いは，(54a) は「行かないようにせよ」，(54b) は「行かせるな」という，否定と動詞の作用域の違いである．

以上のことから，使役の let 命令文については，補文構造(おそらく小節)を持った通常の 2 人称命令文と同様に扱うことが適切であると思われる．

一方，提案の let's では，その(潜在)主語は基本的に，包含の (inclusive) 1 人称複数 (we)，あるいはそれに類した集団を表す表現に限られる．したがって，let's に加えて主語が顕在化する場合も存在する ((55a, b, d) は McCawley (1998, 553) より)．

(55) a. Let's you and me go to the movies.
　　 b. *Let's John and me go to the movies.
　　 c. Let's everybody go home.
　　 d. Let's ús (*ŭs) go to the movies —— I don't care what the others do. （対照的な意味で）

このようなことは，使役の let 命令文ではありえない．

(56) *Let them some of you go home.

逆に，使役の let の場合，let の前に主語を置くことは可能である．

(57) All of you let them not go home.

また，提案の let's の否定形は let's not であり，don't let's ではありえない (Davies 1986)．

(58) a. Let's not go home yet.
　　 b. *Don't let's go home yet. （提案の意味で）
　　 c. *Don't let's you and me stay home.

上の (58c) の主語つきの let's 文は，提案の意味のみなので，don't はつ

かない．

　let's が主語に先行すること，否定形は let's が not に先行した形をとることから，提案の let's の内部構造は以下のようなものになっていると思われる．

(59) 　[$_{CP}$ IMP + let's (= IMP + 1st pl)$_i$ [$_{IP}$ (you and me) [$_I$ t_i] [$_{NegP}$ (not) [$_{VP}$ go to the movies]]]]

すなわち，提案の let's は，命令文の I に生起する IMP の 1 人称主語のときの特殊な形であり，通常の 2 人称命令文と同様，これが IMP の C に引きつけられて移動していると考えられる．let を使った 2 つのタイプの命令文の統語的違いは，let('s) の統語的範疇の違いとして捉えられるのである．

6.7　条件節的擬似命令文

　形式上，命令文に似ているが，命令の意味を表さない構文がある．

(60) 　a.　*Study hard*, or you'll fail the exam.
　　　b.　*Sleep tight*, and you'll find your Christmas present in the morning.

この構文は，命令・依頼というよりは，「勉強しなかったら」，「よく眠ったら」という条件を表現しているといったほうが，より適切である．実際，今井・中島 (1978) においては，この種の構文を通常の命令文とは一線を画し，条件節からの削除規則によって扱う分析を提案している．本書では，この種の構文の分析には深入りしないが，可能性としては，今井・中島で提案された (音韻的) 削除分析か，この種の条件節は命令文と同様の IMP 的素性を持っており，それによって，構文の統語的骨組みが派生することが考えられる．

第7章　感嘆文の構造

感嘆文には，いくつかの種類が存在する．

(1) a. 否定倒置型感嘆文
Didn't John do a great job!
b. 肯定倒置型感嘆文
Boy, did I ever make a mess of that exam!
c. Wh 型感嘆文
(i) What a beautiful flower you gave me!
(ii) How tall you are!
d. 埋め込み感嘆文
(i) You can't imagine / believe *what a nice guy Harry is*.
(ii) You can't imagine / believe *who George was married*.
e. 名詞化感嘆文
You can't imagine / believe *the nerve of that idiot*!

(1d)に示すように，believe のような動詞が Wh 節を補文としてとるのは，感嘆文に限られる．また(1e)のように，感嘆の対象を表す名詞句も可能なのである．すなわち，感嘆文は，倒置型，Wh 型，埋め込み Wh 型，名詞化型の形をとる点において，疑問文と類似した統語的振る舞いを示すのである．ということは，この構文に，疑問文における Q と類似した EXCL (exclamative) という特殊な C 素性が存在して，それが一連の統語事象を引き起こしていると考えるのが自然であろう．

(2) [$_{CP}$ [What a beautiful flower]$_i$ [$_C$ EXCL] [$_{IP}$ you gave me t_i]]!

そこで本章では，感嘆文と疑問文との統語的違いを中心として，論を進めていきたい．

7.1 否定倒置型感嘆文

感嘆文は，文字どおり驚き・感動を表すのであるが，その形式は疑問文にきわめて類似している．まず，Yes-No 疑問文に類似した形式の感嘆文から見ていく（(3) は (Baker (1995, 469) より)．

(3) a. Didn't John do a great job!
    b. Don't those twins look like their grandmother!
    c. Hasn't this been a terrible summer!
    d. Isn't Horton a jackass!

この構文は，通常の疑問文にきわめて類似していて，聞き手になんらかの応答を要求するという特徴がある．ただしこの種の構文は，イントネーションが上がり調子でなく，強い下がり調子であるという点で疑問文と一線を画している．また否定疑問文は，否定を「前提」として，

(4) I hear that John did his routine work, but that it was not as good as we expected. Didn't John do a very great job?

のように，"Is it true that John did not do a very great job?" の意味を持つが，感嘆文はむしろ，肯定を前提とする．たとえば (3a) では，「ジョンの仕事，よかっただろ，な」のように，相手に同意を求める意味，すなわち，

(5) John did a great job, didn't he?

とほぼ同義である．この点で，この種の構文は通常の疑問文とは異なっている．

しかし，この種の構文を通常の感嘆文と，統語的に同列に扱うことはできない．Wh 型の感嘆文においては，そもそも否定文は存在しない．

(6) a. What trash you have accumulated!

　　　　b.　*What trash you haven't dumped!

　また，以下の例文が示すように，同じ内容を倒置型で表そうとしたときに，肯定形しか使えない場合が多く見受けられる（(7) は N. McCawley (1973, 371) より）．

　（7）a.　Boy, is syntax easy!
　　　　b.　*Isn't syntax easy!

　また，通常の感嘆文は，very, quite などの程度表現と共起しないが，否定倒置型の感嘆表現は，共起を許すのである．

　（8）a.　*What a *very* beautiful flower you gave me!
　　　　b.　*How *very* tall you are!
　　　　c.　*Boy, is syntax *very* easy!
　（9）　Didn't John do a *very* great job!

　つまり，形式のうえでは，否定倒置型の構文は通常の感嘆文とは異なるのである．そこで，本書では，否定倒置型の感嘆表現は疑問文の感嘆用法と考え，ここでの感嘆文の分析からは除外して考えることにする．相手の応答を期待する構文であるということからも，これはある意味で当然の結論である．

7.2　肯定倒置型感嘆文

　否定倒置型に対して，肯定倒置型の感嘆文は，形式的にも Wh 型の感嘆文と共通する部分があり，感嘆文の一種と認められる（(10) は Baker (1995, 469) より）．

　（10）a.　Boy, did I ever make a mess of that exam!
　　　　b.　Damn, was Smith ever cross today!
　　　　c.　Man, has that kid ever grown!
　　　　d.　Jesus, can Ella ever sing!

　この種の構文には，(11) に示すように，主語が特定的でなくてはならな

いという制限と，(12) に示すように，離接的 (disjunctive) 接続を用いることができないという特徴がある (N. McCawley 1973)．

(11) a. *Are some Swedes industrious!
b. Are Swedes industrious!
c. *Does someone love Jerry!
d. Does Monica love Jerry!
(12) *Boy, am I hungry or am I not hungry!

これらの特質は，感嘆の対象が特定的であり，なおかつ真であるとして「前提」にできるものでなければならない，ということに由来すると考えられる．(12) については，恒真式 (tautology) はつねに真，すなわち当り前のことを表現しているので，感嘆の対象になりえないということである．

Yes-No 肯定倒置型感嘆文は，独話的であり，とくに聞き手の応答を期待しない．その意味でも，これは通常の疑問文とは違うものと考えるべきであろう．

7.3 Wh 型感嘆文

Wh 型感嘆文は，われわれにもっともなじみ深い感嘆文である．この種の感嘆文は，Wh 疑問文，また上述の倒置型感嘆文と異なり，倒置を引き起こさない．

(13) a. What a beautiful flower you gave me!
b. *What a beautiful flower did you give me!
(14) a. How tall you are!
b. *How tall are you!

また，文頭の Wh 句にも制限があり，what と how に限られる．

(15) a. *Who Mike neglected!
b. *Whose mother Bill married!
c. *Where Mary went for holiday!

d. *When you have called me up!

　whatとhowに限られるという事実は，このwhat, howが，程度詞such, soの感嘆Wh型であるとすることで説明される．まず，同じwhatを使用していても，以下の文は感嘆文として不適格である．

   (16) a. *What Mike said to me!
       b. *What color this wall is painted!

(16a)が示すように，whatが単独で文頭にくることはない．また，(16b)が示すように，whatの後に生じる名詞句には一定の制限があり，whatは段階的な意味合いを持つ名詞句，あるいは種類・性質を表す名詞句としか共起しない（今井・中島1978．例文(17), (18)とも今井・中島(1978, 198–199)より）．

   (17) 段階的意味合いの名詞句
       a. What a genius he is!
       b. What an expert she is!
       c. What a beautiful place Havana is!
       d. What a difficult problem he is concerned with!
       e. What an excellent paper this is!
   (18) 種類に対する感嘆
       a. What a man John is!
       b. What a paper this is!
       c. What a philosophical problem he is concerned with!

(18)の例文における解釈は，「〜としての質・資格」に優れていることに対する感嘆であり，これも段階的表現の一種であると考えられる．したがって，特定的な名詞句，あるいは種類が特定できない複数名詞句・質量名詞句などは，what型感嘆文には用いられない．

   (19) a. *What the stupid man John is!
       b. *What books John has!
       c. *What wood Bill bought!

記述的には，これらの what が生じる環境は，程度詞の such が生じる環境と同じである．

(20) a. He is such a genius.
   b. She is such an expert.
   c. Havana is such a beautiful place.
   d. He is concerned with such a difficult problem.
   e. This is such an excellent paper.
   f. John is such a man.
   g. This is such a paper.
   h. He is concerned with such a philosophical problem.
   i. *John is such the stupid man.
   j. *John has such books.
   k. *Bill bought such wood.

その意味において，感嘆文の what は such の Wh 形と考えられる．

一方，感嘆文における how は，程度を表す形容詞，副詞，動詞句としか共起せず，また，形容詞を修飾する名詞句内では，(21f) が示すように，名詞は不定形単数でなくてはならない．これは，程度詞の so が現れる環境と同様である（今井・中島 1978）．

(21) 段階的形容詞
   a. (ⅰ) How smart my students are!
      (ⅱ) My students are so smart.
   b. (ⅰ) How tall you are!
      (ⅱ) You are so tall.
   c. (ⅰ) How excellent Bill's skills are!
      (ⅱ) Bill's skills are so excellent.
   d. (ⅰ) How beautiful a place Havana is!
      (ⅱ) Havana is so beautiful a place.
   e. (ⅰ) How terrible a story he told!
      (ⅱ) He told so terrible a story.
   f. (ⅰ) *How beautiful the place Paris is!

(ii) *Paris is so beautiful the place.
(22) 段階的副詞
a. (i) How eagerly he learns French!
(ii) He learns French so eagerly.
b. (i) How well Mary has done her homework!
(ii) Mary has done her homework so well.
(23) 段階的動詞句
a. (i) How she upset herself!
(ii) She upset herself so.
b. (i) How Bill loves Mary!
(ii) Bill loves Mary so.
(24) 非段階的句
a. (i) *How single Fred is!
(ii) *Fred is so single.
b. (i) *How previously he had done all his homework!
(ii) *He had done all his homework so previously.
c. (i) *How Bill kicks a ball!
(ii) *Bill kicks a ball so.

すなわち，感嘆詞の what, how はそれぞれ，such, so の感嘆 Wh 形と呼んでよいのである．しかし，疑問文と違い，感嘆文は倒置を引き起こさない．そこで what, how が，倒置を起こさずに文頭に前置されるようなメカニズムが必要になる．

7.4 感嘆文の統語的分析と COMP の特質

以上の特徴を踏まえると，感嘆文の特徴は以下のようになる．

(A) Wh 句 (how, what) の移動か倒置をともなう．
(B) Wh 句が移動した感嘆文では，倒置は起こらない．ただし，Wh 句の移動がない場合，倒置が義務的である．

そして，感嘆文における移動は，以下の条件によって捉えられる．

(25) 感嘆文の C（仮に EXCL）は，顕在的統語部門における素性照合を要求する．

すなわち (25) は，英語の感嘆文は，指定部との素性照合の形であれ，主要部移動の形であれ，なんらかの形で素性照合を顕在的に要求することを示している．

(26) a. [$_{CP}$ [what a genius]$_i$ EXCL [$_{IP}$ John is t_i]]（Wh 型: 指定部との照合）
b. [$_{CP}$ [$_C$ is$_i$ EXCL] [$_{IP}$ syntax t_i ever easy]]（Yes-No 型: 主要部との照合）

このように，感嘆文の C (EXCL) は，指定部照合あるいは主要部移動によって，顕在的素性照合を要求するのである．そして感嘆文の C は，主節において素性照合と倒置(主要部移動)の両方を要求する疑問文の Q，否定命令文において(否定辞のために)倒置を要求する命令文の IMP と，大きく異なっている．まとめると，以下のようになる．

(27) 主節における C の特性

	素性照合	音声的具現化
Q	顕在的	指定部・主要部ともに要求する
EXCL	顕在的	どちらかで具現化されていればよい
IMP	潜在的	要求しない

この種の違いがどのようなメカニズムで説明されるのかについては，まだ不明な点が多く，将来の研究を待ちたい．

7.5 埋め込み感嘆文

Wh 型感嘆文は，補文として，埋め込みが可能である（(28) は J. D. McCawley (1998, 558) より）．

(28) 埋め込み感嘆文
  a. You can't imagine what a nice guy Harry is.
  b. Look at what a mess you've made!
  c. I can't begin to tell you what a wonderful time we had.
  d. You can't imagine how nice Harry is.

埋め込み感嘆文には，2つの大きな特徴がある．第一に，Elliott (1974) によれば，埋め込み感嘆文では，what, how 以外の Wh 詞を用いることができるのである．

(29) a. Where they went on their vacation is amazing.
  b. You won't believe who George has married.

第二に，倒置型感嘆文は埋め込みが不可能である．

(30) a. *Mary told me *is Harry* ever a nice guy!
  b. *I'm sure you remember *did we* every have a wonderful time.

埋め込み節において，なぜ what, how 以外の感嘆詞が許されるのかについては不明であるが，倒置型感嘆文の埋め込みが許されないのは，同じく埋め込み節において，(31) のように疑問文の助動詞が倒置を起こさないのと，同様の理由であると考えてよいであろう．

(31) a. *I wonder *is John* Mary's father.
  b. I wonder if / whether John is Mary's father.

どちらの場合にも，埋め込み節としての認可（補文としての選択）が，C主要部の具現化を不必要としていると考えればよい．
　しかしながら Lakoff (1984) によれば，埋め込み節の倒置型感嘆文は，限定的にではあるが，可能なようである．

(32) a. I'd better leave now, because do I ever have a lot of work to do!
  b. I've just discovered that are we ever in trouble!

しかしながらこの種の例は，感嘆文の節が文末にあり，それが話者による強い断定（assertion）を表している場合に限られるようである．したがって，(32a) の例文の because 節を文頭に置くと，非文となる．

(33) *Because do I ever have a lot of work to do, I'd better leave now.　　　　　　　　　　　　　(McCawley 1998, 559)

したがってこれらの例は，一種の主節として扱われていると考えたほうが適切であろう．

埋め込まれた感嘆文の中には，名詞化型もある．

(34) a. It's amazing the amount of money that he spent.
　　　b. You'll never believe the size of his car.
　　　c. I was amazed at the trouble we had.

これらは，対応する Wh 型感嘆文が可能である場合に限って許される (Grimshaw 1979)．

(35) a. It's amazing what amount of money he spent.
　　　b. You'll never believe what size his car is.
　　　c. I was amazed at what trouble we had.

名詞化した感嘆文が，単独で文として機能する場合もある．

(36) a. Oh, the amount of money John spent!
　　　b. The nerve of that idiot!

名詞化した感嘆文については，(37b) のような潜伏疑問文に対応する，潜伏感嘆文（concealed exclamation）であるとするべきであろう．

(37) a. I would like to ask you how much this book costs.
　　　b. I would like to ask you *the cost* of this book.

7.6　程度表現の付加詞との共起

N. McCawley (1973) により，感嘆文では，程度表現の付加詞（degree adjunct: Deg）による修飾が許されないことが指摘されている．

(38) a. Is syntax (*very) easy!
　　 b. How (*fairly) easy syntax is!
　　 c. Is syntax (*as) easy (*as people say)!
　　 d. How *easier / easy syntax is!

これについては，以下のように考えられるのではないだろうか．まず，名詞句の場合の DP のように，形容詞句の特質を決定づける句として，程度詞句 (DegP) のようなものを考える．

(39) a. [DegP very [AP easy]]
　　 b. [DegP as [AP easy as people say]]
　　 c. [DegP -er [AP easy]] → [DegP easi$_i$-er [AP t_i]]

(39c) では，形態的要求に基づいて移動が行なわれている．いわゆる感嘆詞は，程度が感嘆に値するほど極端であることを表すのだから，これも DegP にあると考えられる．

(40) [DegP How [AP easy]]$_i$ syntax is t_i!

こう考えると，程度表現の付加詞と感嘆詞は，同じ統語的位置を共有しているため，両方一度に現れることはできない．したがって，(38) のように，感嘆文と程度の表現は共起できないのである．

　しかし，what 型はどのように考えたらいいのかが問題として残る．このタイプの感嘆文もまた，程度表現とは共起しないからである．

(41) What a (*very) beautiful flower you gave me!

これについては 2 つの可能性があるが，現在のところ，どちらが適切かは結論づけられない．1 つは，what を主要部とする DegP が，補部として名詞句をとる考え方であり，もう 1 つは，what は形容詞句の上位の DegP の主要部として生起し，感嘆詞移動により，DP の指定部に移動する，という考え方である．

(42) a. 可能性 1
　　　　[DegP what [DP a beautiful flower]] you gave me!

b. 可能性 2
   [$_{DP}$ what$_i$ [$_{DP}$ a [$_{DegP}$ t_i [$_{AP}$ beautiful]] flower]] you gave me!

経験的な差は，はっきりとは存在しない．前者は，what と同じ Deg であろうと思われる，such a beautiful flower のような表現における such の分布を，直接的に what と共通なものとして捉えることができる点でメリットがあり，また後者は，他の程度表現との共起制限を，同じ形容詞の Deg であると考えることによって説明できる．

7.7 平叙文型感嘆文

下記のような感嘆文的構文がある．

(43) a. What! Her call me up?!
     b. What! Us read that trash novel by tomorrow!?

上の例文を見てもわかるように，この種の感嘆文は，対格主語に原形動詞という特殊な組み合わせから成り立っている．この種の構文は，感嘆文であると同時に，問い返し疑問文 (echo question) 的用法がほとんどであり，感嘆文の範疇に入れて考えるべきかどうか明確ではない．が，もしこれが感嘆文であるとするならば，以下のような分析が可能であろう．先に命令文の項で，IMP という特殊な素性の束が，I と C に生起する可能性を述べた．仮に，感嘆文の EXCL 素性も I に生起できるとしたらどうであろうか．

(44) [$_{IP}$ Her [$_I$ EXCL] [$_{VP}$ call me up]]!

EXCL は時制要素ではないので，主語に主格を与えることができない．また，動詞の語形も，時制がないので原形となる．なぜ主語が対格になるのかは明確ではないが，主語つき命令文の場合と同様に扱うべきであろうと思われる．この構文については，将来の研究を待ちたいところである．

7.8 ま と め

以上，本章では，感嘆文の内部構造について検討した．疑問文の項で，

特殊な補文標識としてのQが役割を果たしていたのと同様に，感嘆文においても，特殊な補文標識EXCLの仮定が有効であることを示した．しかしながら，疑問文・命令文・感嘆文におけるCの特質は微妙に異なっており，類型論的に興味深い点があることも同時に指摘した．感嘆文は理論的考察が比較的なされていない分野であるので，これからの研究に期待したい．

第8章　句構造の発想

8.1　句構造の伝えるもの

　ここまで，英語のさまざまな構文を見ることにより，英語の文がどのような構造を持ち，どのように形成されるのかについて，併合と移動というメカニズムを用いた分析を展開してきた．たとえば，受動文である（1）は，（2）のような過程を経て生成される．

(1)　The children were helped.
(2)　a.　[$_{DP}$ the children]（併合）
　　　b.　[$_{VP}$ helped [$_{DP}$ the children]]（併合）
　　　c.　[$_{VP}$ were [$_{VP}$ helped [$_{DP}$ the children]]]（併合）
　　　d.　[$_{I'}$ were$_j$ [$_{VP}$ t_j [$_{VP}$ helped [$_{DP}$ the children]]]]（移動）
　　　e.　[$_{IP}$ [$_{DP}$ the children]$_i$ [$_{I'}$ were$_j$ [$_{VP}$ t_j [$_{VP}$ helped t_i]]]]（移動）

　併合と移動は，その出力として，一般に句構造とわれわれが呼ぶ構築物を産出するのであるが，第2章で述べたように，その表記の方法には大きく分けて2種類ある．1つは，（2）に示したような標識つき括弧であり，もう1つは，（3）に示すような樹状図である．

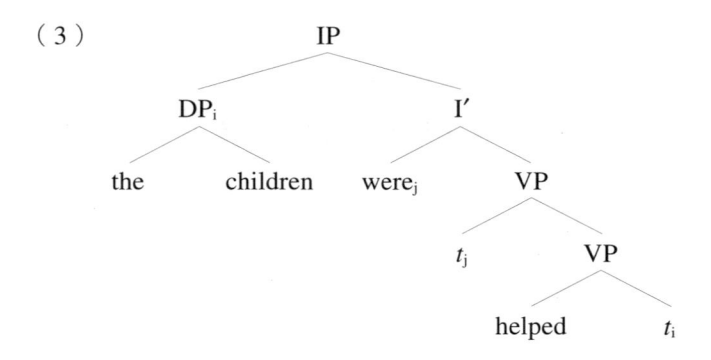

(3)
```
           IP
          /  \
       DPᵢ    I′
       / \   /  \
     the children werⱼ  VP
                      /   \
                    tⱼ     VP
                          /  \
                       helped  tᵢ
```

　ここまでは，この2つの表示形態が同じ情報を示しているとしてきたが，見かけ上は，これらはかなり違う表示の方法である．統語構造の表示が表現する情報には，以下のものがある．

(4)　a. 構成素：　何と何が統語的まとまりとなっているか，すなわち，何が統語的に1つの単位として扱われるか．
　　　b. 主要部：　構成素の中核となる(範疇を決める)要素は何か．
　　　c. 関係概念：構成素はどのような(意味的・音韻的)関係によってまとまっているのか．
　　　d. 語順：　　構成素の構成要素間の線形順序はどうなっているか．

これらの情報は，標識つき括弧では以下のように表されている．

(5)　a. 構成素：　　括弧 ([...]) の対応関係
　　　b. 主要部：　　括弧についている標示
　　　c. 関係概念：　主要部とそれの適正な解釈に関する情報
　　　d. 語順：　　　表記の線形順序

一方，樹状図では，以下のとおりである．

(6)　a. 構成素：　節点 (node)，あるいは枝分かれ (branch)
　　　b. 主要部：　節点についている標示

c. 関係概念: 主要部とそれの適正な解釈に関する情報
d. 語順:　　表記の線形順序（一般にそう思われている；後述参照）

　まず標識つき括弧であるが，もし括弧が [...] に見られる左右の対応関係のない，たとえば，(7) のような単なる境界表示（ここでは#で表す）であるとすると，構成素に関する情報を捉えることはできない．

(7)　＃＃ the children ＃＃ were ＃ t ＃ helped t ＃＃＃＃

というのは，何と何が1つの単位をなしているかを示すことができないからである．

　また，括弧が，たとえば集合論的括弧（{...}）であるとすると，語順が表示できない．というのは，集合論の表示では，{りんご, みかん} と {みかん, りんご} は，内部構成要素が同じなので，同一と扱われるからである．

(8)　{$_{IP}$ {$_{DP}$ the children}$_i$ {$_{I'}$ were$_j$ {$_{VP}$ t_j {$_{VP}$ helped t_i}}}}

つまり，標識つき括弧が，必要な統語的情報を表現しているとされるのは，括弧に関する適正な決まり事があってのことなのである．

　樹状図にも，基本的に同じことがあてはまる．普通，英語学・言語学で用いられる以外の樹状図について，われわれは線形順序を意識することはない．たとえば，会社や学校の組織図などにおいてわれわれが意識するのは，上下関係だけである．樹状図が線形順序を表現しているというのは，この図に関して一定の規定をしているからである．2種類の表記法とも，その裏にある暗黙の了解があってこそ，(4) の情報を正しく表していると解釈されるのである．

　実際，その暗黙の了解は，英語学・言語学の理論の進展とともに変化してきている．本章では，句構造とその表記についての考え方を概観し，ことに，初期生成文法においては非常に情報量の多い構造表示であった句構造が，研究の進展にともなってその役割を失いつつあることに着目しつつ，本書で使用している句構造の表記が何を表しているのかを明確にして

おきたい．

8.2　句構造の考え方の変化

まず，句構造の考え方が，いかにして言葉の学問の中に導入されてきたかについて，歴史的経緯に沿って概観する．

8.2.1　直接構成素分析

句構造の考え方は，生成文法理論が初めて提唱したものではない．その萌芽は，古くは Frege などによる言語への数理・形式的アプローチからあり，アメリカ構造主義言語学において，それは直接構成素分析として，明確な形で提示されるにいたった．

アメリカ構造主義言語学では，とくに Bloomfield (1933) 以降，言語表現としての音列から，音素・形態素・文法素・形式類といった単位を発見し，言語表現の内部構造を分析・発見する手順の追及を主な目的とした．その手法は，あくまで客観的であることが要求されたので，たとえば，意味のような主観的要素・世界観が前提となるようなものは，分析の基準としては当面，不適切であるとされてきた．したがって，形式類 (form class；品詞におおむね相当する) の発見に際しても，たとえば，(9) の 2 つの文の John と Poor John，また ran と ran away という要素が，それぞれ名詞類 (nominal)，動詞類 (verbal) という形式類に所属するということは，これらが意味的に行為者 (actor)・行為 (action) であるという情報によってでなく，形態素の配列上，前者が後者に先行する，決まった位置に現れるという情報に基づいて決定されるのであった．

(9)　a.　John ran.
　　　b.　Poor John ran away.

(10)

名詞類		動詞類	
John		ran	
Poor	John	ran	away

このような情報に基づいて，文内の形式類へのまとまりが決定されると，以下のような樹状図による表示が可能になる．

(11)
```
            Poor John ran away
           /                  \
      Poor John            ran away
       /    \              /     \
     Poor   John         ran    away
```

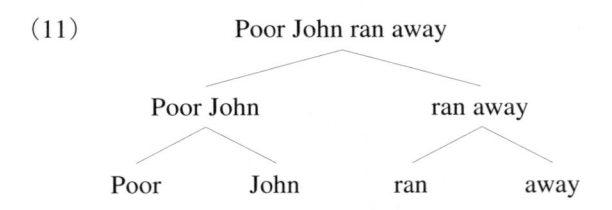

この表示の1つ1つの「節点」を構成素と呼び，たとえば，Poor は Poor John の直接構成素，Poor John は文 Poor John ran away の直接構成素とした．このように，主に線形上の分布という配列情報に基づいて，文を構成素に分析し，最終的に形態素レベルまで分析する方法を，直接構成素分析 (immediate constituent analysis) と呼ぶのである．

この樹状図は，配列情報に基づく構造決定であるので，構成素情報と語順の情報のみが(後に述べるように不十分ではあるが)内蔵されている．また主要部の情報も，たとえば Nida (1951) のような表示を使えば，構造主義言語学の概念であった内心性 (endocentricity)・外心性 (exocentricity) を適正に表示することができる．(12) は Nida の考えに基づく表示であり，「>」は内心的構造 (閉じている方向が主要部と現在呼んでいるもの)，「×」は外心的構造を表す．

(12)
```
          Poor John ran away
          |―――――×―――――|
       Poor John      ran away
       |――>――|        |――<――|
       Poor  John     ran    away
```

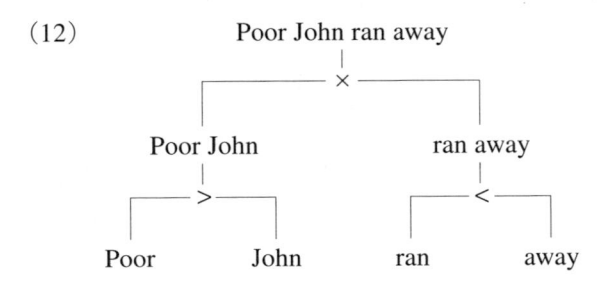

8.2.2 句構造規則

統語構造に関する情報のかなりの部分は，直接構成素分析で得られるの

であるが，この分析による文の分析には，決定的に欠けている部分がいくつかある．

　第一に，直接構成素分析において表現されているのは，あくまで何と何が構成素になっていて，それが線形的にどう配列されているかだけであって，個々の構成素がどのような形式類に属するものであるかは，あくまで，複数の文データを客観的に比較検討した結果として，二次的に得られるものである，ということである．すなわちこの種の分析は，一見，文の構造の鳥瞰図を提示しているようにみえるが，実は，語の配列のまとめ方の手法を提示しているにすぎないので，英語なら英語の文がどういう構造を持っているのかについては，何も語っていないのである．ましてや，人間の言語の文というものはどういう構造を持ったものであるかといった，本来言語の科学が追い求めていかなくてはいけない根源的な情報については，何も示唆していないことになってしまう．

　第二に，上の理由から，直接構成素分析には生産性がない．つまり，構成素分析も基本的には音素や形態素の発見手順と同様，与えられたものに対する構造の発見という側面しか持っていない．そのため，たとえば下のような3つの文の構造が，すべて主語–述語という構造を持っていることは，与えられたデータに基づき，（過去に）蓄積されたデータから改めて「発見」するしか方法がないのである．

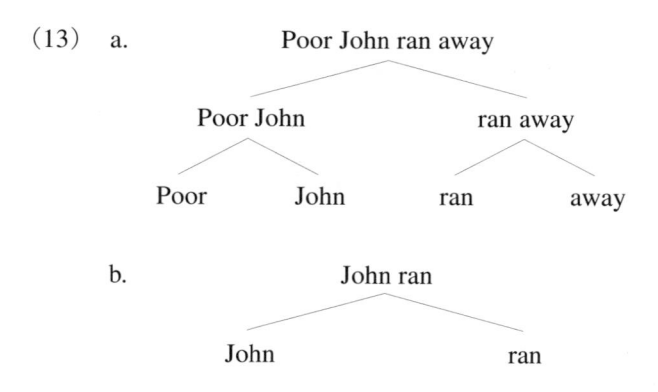

（13）　a.　　　　　　Poor John ran away
　　　　　　　Poor John　　　　　ran away
　　　　　　Poor　　John　　　ran　　away

　　　　b.　　　　　　John ran
　　　　　　　　John　　　　　ran

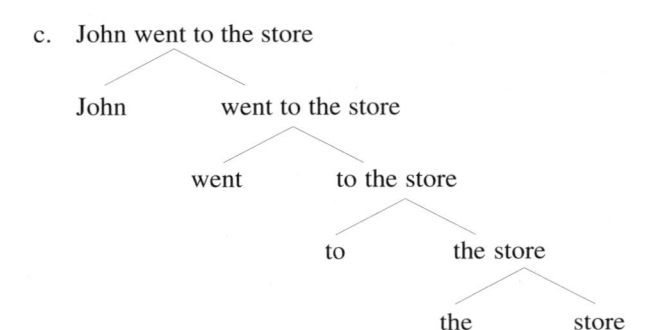

c. John went to the store

```
           John    went to the store
                   went    to the store
                           to      the store
                                   the    store
```

したがって，仮に新しい文，たとえば，Bill went away to the town far from here. に言語獲得者が出会ったときも，「文は主語と述語からなる」というようなひな型を使うのでなく，改めて過去のデータとの比較検討によって，この情報を「発見」しなくてはならないという，きわめて直観に反したことが強要されるのである．また，ある話者が，Bill と Mary という 2 つの単語がともに名詞類の一種であることを知っていて，いま初めて Bill likes Mary. という文を聞いたとしても，そこから母語話者が得られるのは Bill likes Mary. の構造だけであって，すぐに同じ構造の Mary likes Bill. という文が使用できるようにはならないのである．違う語順はすなわち違う用例であり，母語話者はこれを新たにゼロから学習し，発見しなければならないからである．直接構成素分析は，人間の言語の文の特質を表現し，なおかつ予測性・生産性を持つ構造表記の体系・理論とはなっていなかったのである．

そこで，生成文法は，直接構成素分析を拡張・発展させた句構造規則（phrase structure rules）という体系を仮定し，文の特質を捉え，予測性・生産性を持つ言語理論を組み立てようとした．句構造規則とは，たとえば以下のような体系である．

(14) a. $S \rightarrow NP\ Aux\ VP$
b. $NP \rightarrow \begin{Bmatrix} NP_{sg} \\ NP_{pl} \end{Bmatrix}$
c. $NP_{sg} \rightarrow Det\ N$

d. $NP_{pl} \rightarrow Det\ N\ Pl$
e. $Aux \rightarrow \begin{Bmatrix} Present \\ Past \end{Bmatrix} (M)$
f. $VP \rightarrow \begin{Bmatrix} VP_{trans} \\ VP_{intrans} \end{Bmatrix}$
g. $VP_{trans} \rightarrow V_{trans}\ NP$
h. $VP_{intrans} \rightarrow V_{intrans}$
i. $N \rightarrow$ man, ball, boy, girl, etc.
j. $Det \rightarrow$ the
k. $M \rightarrow$ will, can, may, must, shall
l. $V_{trans} \rightarrow$ kick, hit, scold, throw, etc.
m. $V_{intrans} \rightarrow$ run, walk, laugh, die, etc.

これは，1つの記号を1つ(以上)の記号列へ写像する規則である．これを具体的な文，たとえば，The boy could throw the balls. に適用すれば，以下のような構造を生成することになる．

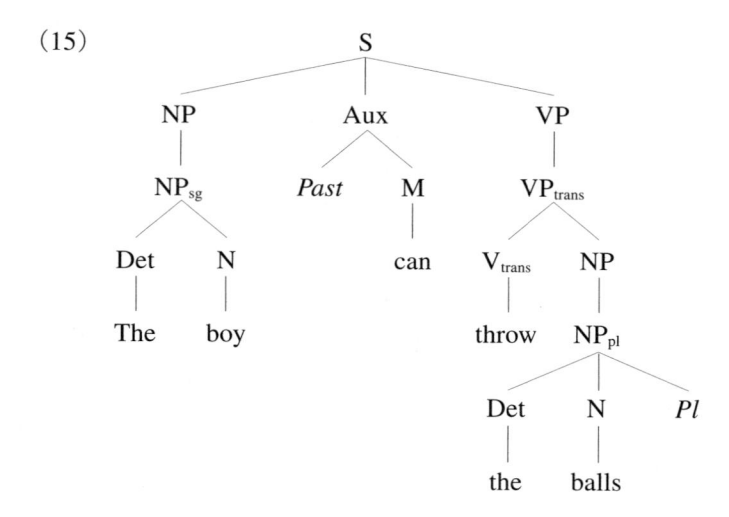

(15)
```
                        S
         ┌──────────────┼──────────────┐
        NP             Aux             VP
         │          ┌───┴───┐           │
       NP_sg      Past      M        VP_trans
       ┌─┴─┐                │        ┌───┴───┐
      Det   N              can    V_trans    NP
       │    │                       │         │
      The  boy                    throw     NP_pl
                                          ┌───┼───┐
                                         Det  N   Pl
                                          │    │
                                         the balls
```

範疇 (category) というラベルに基づく規則体系により，特定の語彙の選択から独立した文の構造の記述が可能となり，各語彙項目がどの範疇に属

するのかさえ習得すれば，その語彙を使って書き換えることによって，新たな文を生成することができるのである．ここにおいて，文法記述の体系は生産性を持つにいたったのである．

しかしながら，この初期の句構造規則の体系は，文脈依存・語彙項目依存的情報，たとえば，自・他動詞性，名詞の単複などが，末端の語彙項目および範疇に重複して現れる（たとえば throw と V_{trans}，VP_{trans} には，ともに他動詞性の情報が重複して出現している）など，体系内の余剰性（redundancy）が存在するという欠点があった．そこで，このような余剰的情報は語彙項目自体の情報とし，句構造規則自体はより簡潔なものとする方向性が，Chomsky (1965) あたりから提示され始めた．この考え方では，句構造規則はたとえば (16) のようなものになり，それにともなって (15) は (17) のような構造になる（( ) は随意的要素を表す）．

(16) a. S → NP Aux VP
 b. NP → Det N
 c. Aux → $\begin{Bmatrix} Present \\ Past \end{Bmatrix}$ (M)
 d. VP → V (NP)

(17)
```
                    S
        ┌───────────┼───────────┐
        NP         Aux          VP
      ┌──┴──┐    ┌──┴──┐     ┌──┴──┐
     Det    N   Past   M     V    NP
      │     │          │     │  ┌──┴──┐
                                Det    N
     The   boy        can  throw │     │
                                the   ball
```

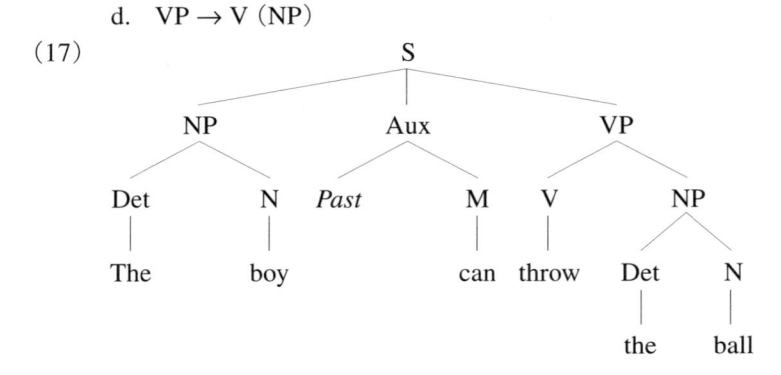

この場合，他動詞性 (trans) や単複 (sg / pl) は，語彙項目内の情報とされているわけである．

句構造規則による構造表示は，基本的に記号列の書き換えであり，その意味ではそれを樹状図の形で表そうと，標識つき括弧で表そうと，構成

素・主要部・語順の情報は，直接表示される．他動詞性などの余剰的情報は，初期には節点表示に直接現れており，後には語彙項目の記述の一部とされた．なお，Chomsky 型の句構造規則，およびその他の句構造規則の生成力については，Peters and Ritchie (1973), Partee, ter Meuren and Wall (1990) を参照されたい．

8.2.3　X バー理論

　句構造規則の理論は，文の基本的な構造的特質をかなりの程度まで的確に表示していたが，それでも表示しきれない部分が，2 つ存在していた．1 つは，句構造規則の基本的な定式化である，(18) の規則に関わるものである．

　(18)　X → Y ...

句構造規則は，基本的に記号列から別の記号列への書き換え規則であるが，その書き換えの対象には制限はない．したがって (19) のような，入力記号列と書き換え後の出力に，一見なんの関わりもないものが可能になるのである．

　(19)　S → NP VP

このことは，句構造規則の出力はどんなものでもかまわない，という帰結を導き出してしまう．たとえば，普通は考えられないような以下のような句構造も，可能と考えられることになる．

　(20)　a.　NP → S
　　　　b.　S → VP
　　　　c.　NP → V A N
　　　　d.　S → S S S S

しかし，(20) のような規則によって生成される構造は，どのような言語でも観察されることはない．つまり，句構造の理論は，正しい文のみが出力されるように制限を加えなくてはいけないことになる．

句構造規則の第二の問題点は，範疇を超えた句構造の共通性を捉えられないことである．以下の例を参照されたい．

(21) a. The monster destroyed Tokyo.
   b. Tokyo was destroyed by the monster.
   c. Tokyo was destroyed.
(22) a. [$_{NP}$ the monster's destruction of Tokyo] (became the top news.)
   b. [$_{NP}$ Tokyo's destruction by the monster]
   c. [$_{NP}$ Tokyo's destruction]

destroy という動詞を述語とする文において，受動化変形が可能であり，受動文中の by 句が省略可能であるのと平行して，destruction という名詞を中心とした名詞句においても，by 句を随意的に持つ受動化的構造が可能である．変形規則と句構造規則による理論体系では，このきわめて類似した構文・変形の存在は，単なる偶然であるということになってしまう．この対応関係を，初期生成文法理論において提唱されていたような名詞化変形(動詞を含んだ構文を，名詞化形を持つ構造に置き換える変形規則 (Lees 1960)) によって説明しようとしても，動詞とその名詞形の対応関係は，上記例の destruction のように比較的きれいに対応しているものばかりではなく，対応する受身形が存在しないものなどもあり，この対応関係を適切に説明することはできないことになってしまう．

(23) a. This word means a kind of bird.
   b. *this word's meaning of a kind of bird

Chomsky (1970) においては，上記の文 (21a) と名詞句 (22a) の構造は，以下のようなものであると考えられていた．

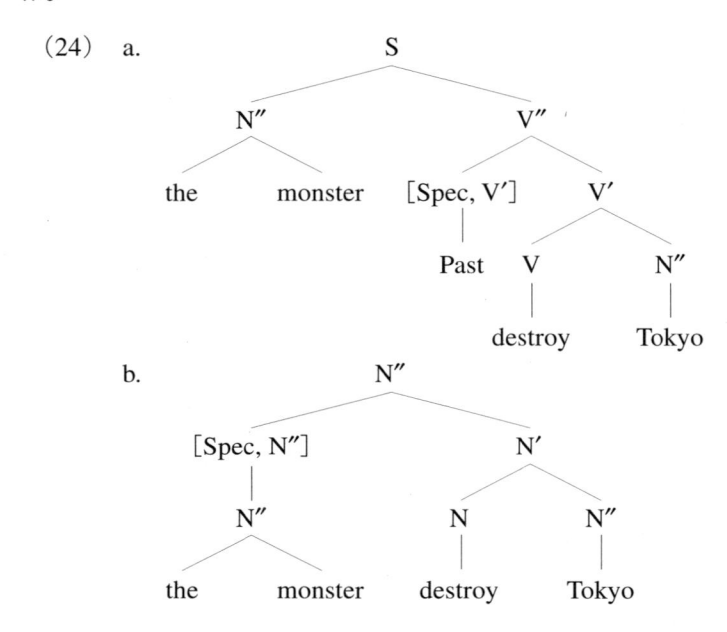

(24) a.
```
              S
         /        \
        N″         V″
       /  \       /    \
     the monster [Spec,V′] V′
                   |      /  \
                  Past   V    N″
                         |    |
                      destroy Tokyo
```

b.
```
                N″
           /          \
       [Spec,N″]       N′
           |          /   \
          N″         N     N″
         /  \        |     |
       the monster destroy Tokyo
```

　この樹状図が示していることは，2つある．1つは，名詞化を変形としてではなく，語彙項目の表現形態の問題として捉えるならば，名詞，動詞の両者に共通する主要部・補部関係の存在のように，文による構造と名詞化構造の平行性が，有機的に捉えられることである．この考え方に基づくならば，名詞化が可能でないものは，名詞としての表現形態がない構文であるということになる(このような考え方を語彙論的仮説 (lexicalist hypothesis) という)．

　2つ目は，各範疇を中心とした句の内部構造は，驚くほどよく似ているということである．どのような範疇を中心とした句においても，2.5節でもふれたように，基本的な内部構造は以下のようなものである．

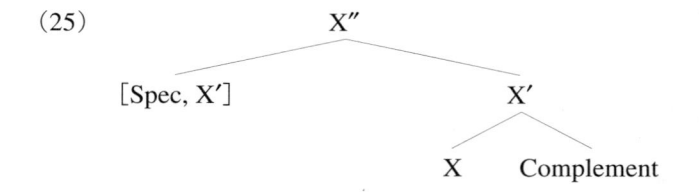

(25)
```
            X″
           /  \
     [Spec, X′]  X′
                /  \
               X   Complement
```

(24)の樹状図も，このひな型に適切な要素を挿入したものであり，語彙項目の特質さえわかれば，あとは適切な構造が生成可能になるのである．Chomskyによるこの考え方は，Xバー理論（X-bar Theory）と呼ばれ，後にJackendoff (1977)，Chomsky (1986)などにより整備されている．Xバー理論により，先の句構造規則の第一の問題点は解決可能になる．すなわち，句は，Xという核になる語(主要部)を中心としたひな型により組み上がっていくのであるから，(20)にあげたような句構造規則による構造は，そもそもありえない．文(S)はXバー理論の例外とされてきたが，Chomsky (1986)により，3.1節に示されたようなIを主要部とするXバー型の範疇が提示された．

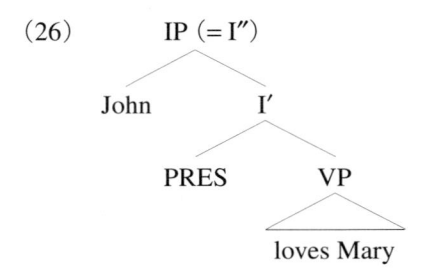

(26)
```
         IP (= I″)
        /    \
     John    I′
            /  \
         PRES  VP
               |
           loves Mary
```

Xバー理論による句構造は，構成素・主要部を直接的に表現するものである．主語・述語，他動詞・目的語などの関係概念は，語彙論的仮説により，語彙項目の特質にゆだねられている．語順については，Xバーの句構造そのものが表現しているのかどうか，議論が分かれるところであろう（⇒8.3）．

8.2.4　最小句構造理論

本書では，基本的にXバー理論的句構造を仮定して論を進めているが，Chomsky (1995, 1998) において，これまでと概念的に大きく違った句構造の理論(最小句構造理論 (bare phrase theory)) が提示されている．ここでその基本的な考え方を紹介しておく．

最小句構造理論は，基本的に第2章において紹介されたミニマリズムの精神を厳密に受け継いだものである．ミニマリズム統語論においては，動機づけのない無駄な統語的情報は，できうる限り文法理論の中から排除していこうという考えがある．その考え方の帰結として，ミニマリズム統語論が，言語固有の変形規則的な文法現象を，併合と一致(いわゆる移動は，一致をともなう併合の一種と考えられている)という，2つのメカニズムのみによって説明しようとしたことは，第2章で詳しく述べた．

句構造においても，無駄を排除するというその精神は，同様に貫かれる．ここでは，いままで句構造という形で表してきたものは，各語彙項目の特性の帰結であるとされる．たとえば，単純な Bill loves Mary. という文の構造は，以下のようなものになる (B̶i̶l̶l̶ は Bill のコピーであり，音形として発音されなかったものをさす)．

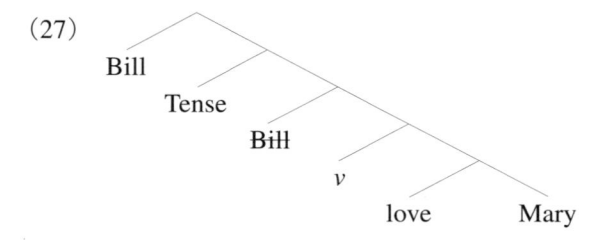

(27)
```
       Bill
           \
      Tense
           \
       B̶i̶l̶l̶
           \
            v
             \
          love   Mary
```

この構造表示において，無駄な情報として従来の句構造から排除されたものは，以下のとおりである．

(28)　a.　構成素のラベルとしての節点の概念: 構成素は，語彙項目同士が，それぞれの必要に応じて適正に併合した結果であるので，語彙項目から独立した形のラベルなどは必要ない．
　　　b.　それにともない，何が主要部であるかについての情報も，

語彙項目の特性によって得られる（例：他動詞と名詞句が併合したら，他動詞が主要部となり，名詞句は目的語になる）ものなので，必要ない．
  c. Xバー理論によるX′やX″などの投射は，(28b)から，句は何の投射であるかが自明なので，これも必要ない．
  d. 語順に関する情報は，純粋に音韻論（発音）に関わるものなので，これは統語論で表示するべきではないと考えられている．

したがって，(27)の図は，純粋に何と何が併合されて，何が移動されたかのみを表現しているのであって，いままでの句構造表現から，構成素関係の情報のみを抽出したものなのである．まだ未完成の部分も多く，これをそのまま採用したのでは個々の構文を分析するのが困難な部分もあるが，句構造すら無駄をはぶいた最小のものにしようという精神は，きわめて健全なものである．

　この最小句構造理論の構造表示が，構造主義言語学の直接構成素分析の表示に類似していると思う者も多いかと思われるが，この2種類の句構造表示は，以下の2点で大きく異なっている．

(29) a. 直接構成素分析では，あくまで（例外はあるが）語順配列を基礎にして構造分析を行なっているので，語順は樹状図に直接表示されている．一方，最小句構造には語順表示はない．
　　 b. 直接構成素分析の構造表示には生産性がないが，最小句構造には，語彙項目の特性に応じた併合・移動をとおして，生産性が確保されている．

最小句構造理論は，構造主義への回帰などではけっしてないのである．

8.2.5　句構造と語順

　より厳密にいうと，(27)の樹状図は，最小句構造理論における構造表示としては，適切なものではない．樹状図は，どうしても左から右への線

形順序があるというイメージがあり，そこに，どうしても語順の存在を感知しがちになるものである．実際，Chomsky (1995, 1998) は，句構造は語順を表示しないのであるから，集合論的に定義されるべきであるとしている．その考え方に従うのなら，(27) は，以下のように表記される．

(30)　{Bill, {Tense {Bill, {v, {love, Mary}}}}}

集合には線形順序はなく，たとえば，{John, Mary, Bill} という3人の個体からなる集合は，{Bill, Mary, John} のように要素間の順序を入れ替えても，{Bill, Bill, Mary, John} と同じ要素を繰り返しても，同じ集合を表す．したがって，(30) の構造表示も，何と何が集合をなすかを規定しているだけで，語順は表現しないことになる．(30) は，(31) とまったく同じものとして解釈される．

(31)　{{Tense {Bill, {v, {Mary, love}}}}, Bill}

これでは，語順を表現するのはとうてい不可能であるので，最小句構造理論においては，句構造が語順を表現するという考え方は，基本的にとらない．したがって，語順は別の方法で決定する必要がある．

　ここで，3つの疑問が生じる．1つは，集合論的に文法構造が規定されるなら，なぜ，(32) のような空集合が文法理論によって生成されないのか，ということである．

(32)　φ

もう1つは，併合の2項性，すなわち，文は二股枝分かれの繰り返しによって生成されるという事実は，どう保証されるのかということである．集合というのは，そもそも要素をいくつ含んでもかまわないものであるのだから，(33) のように，多数の要素を一度に併合することは，語彙項目の組み合わせさえ適正であれば，原理的には可能なはずである．

(33)　a.　{introduces, Bill, to, Mary}
　　　 b.　{Bill, Bill, Bill, Tense}

3つ目の疑問は，単純な繰り返し，たとえば (34) のようなものが許され

るとするならば，いわゆる枝分かれなしの構造も許されてしまうことになり，ここまで一般化として保ってきた，2項性が失われてしまうことになる．

(34) {please, please, please}

この3つの疑問のうち，最後のものは簡単に答えることができる．それは，「併合」と「一致」という過程自体が，2項性とそれによる適正な解釈(インターフェイスにおける)を保証しなければいけないからである．同じ語彙項目を併合しても，それらの間に適正な素性照合を行ないえず，派生は中止されてしまうのである．pleaseがpleaseの補部になることはありえない．

第一の疑問と第二の疑問には，共通の答えがある．まず第一の疑問，空集合の排除から考えてみたい．空集合には，なんの音形解釈も，意味解釈も存在しない．文の派生は，適正なインターフェイスにおける解釈を要求するのであるから，何も解釈を許さない派生は，許されないのである．第二の疑問に対する答えも，語順が決定できないため，音形解釈ができないというものなのであるが，これについては，8.3節で詳しく説明したい．いずれにせよ，2項の要素を持つ集合のみが，音韻部門において語順を与えられ，音形解釈が可能になるのである．

8.2.6 句構造の限界？

構造を過不足なく，なおかつ無駄なく表現する手段としての句構造の理論は，生成文法の歴史の中で幾多の変遷を経てきた．いまのところ，句構造を限りなく最小にし，構成素情報のみにしたうえで，その他の情報は語彙項目にゆだねる方向性が有力になっているが，ここで1つ考えなければいけないことがある．たしかに，最小に，無駄を少なくという方向性であれば，句構造は最小句構造理論のように，そのための独立した理論的位置づけを最小にするであろうし，その意味では句構造という文法的構築物は理論的に限界がきているのであるが，はたして，この「無駄は排除せよ」というスローガンが絶対的に正しいものであるかは，保証の限りでない．

実際，Chomsky が，普遍文法の姿は無駄を排除した最小のものであるべきであると考えだしたのは，むしろ比較的最近のことであり，ある時期には，子供の学ぶものが最小であることが肝要なのであって，普遍文法そのものは非常に豊かでもかまわないと考えたこともあった．2つの考え方を決定づける絶対的な証拠は，現在のところ見つかっていない．つまり，句構造を最小にする方向もあれば，一方で，句構造をより豊かにする方向性も，理論的可能性としては残っているわけである(4.5–4.6節の副詞に関する議論を思い起こしていただきたい)．どちらが最終的に正しいかを決定するのは，究極的には経験的データであろうし，その意味で，句構造に関するさまざまな考え方を知っておくのは，無駄なことではない．

8.3　Kayne (1994)

前節の終りで最小句構造理論を紹介したが，そのさい，Chomsky は句構造から語順についての情報を排除した，と述べた．最小句構造理論では，語順は音韻部門で決定づけられるのであるが，そのメカニズムについてはこれまで明確にしてこなかった．もちろん，いくつかの理論的提案がなされているのであるが，その中でもっとも早く提案され，広く受け入れられたものとして，Kayne (1994) がある．句構造の原則としての2項性などに，明確な理由づけを与えているという点で，Kayne (1994) の理論的意義は非常に大きい．そこで，ここでは Kayne の考え方を紹介し，句構造の章の締めくくりとしたい．

2.3節において，非対称的 c 統御の例として，再帰代名詞の照応関係が提示された．たとえば，以下のような例である（構造は簡略化してある）．

(35)　[$_{IP}$ John$_i$ [$_{VP}$ loves himself$_i$]]

この構造において，John は himself を c 統御しているが，himself は John を c 統御していない．このような関係において，再帰代名詞は先行詞と照応関係を持てる，ということであった．

Kayne によれば，この「非対称的 c 統御」の関係は，照応関係に関わ

るだけでなく，句構造を適正なものとして音韻的・意味的に解釈するための基礎となる．たとえば，以下の句構造を見ていただきたい．

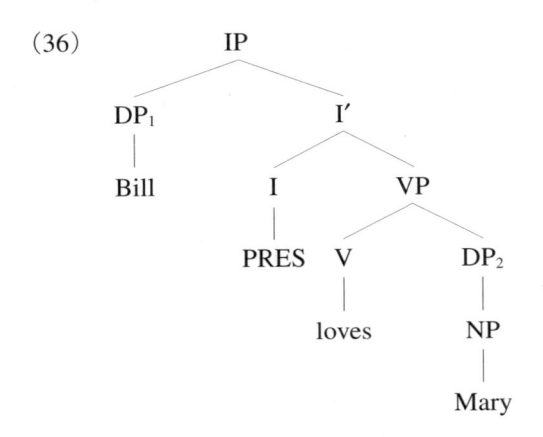

(36)
```
              IP
            /    \
          DP₁     I'
           |    /    \
          Bill  I     VP
               |    /    \
              PRES  V    DP₂
                    |     |
                  loves   NP
                          |
                         Mary
```

Kayne は，(36) のような構造表示を，語順を持ったものとして適正に解釈するためには，語順を決定する以下のような過程が必要であるとする．まず，構造から，非対称的 c 統御の関係にある非末端節点の対をすべて抜き出し，その集合を規定する．仮にその集合を A とする．

(37) A = {⟨DP₁, I⟩, ⟨DP₁, VP⟩, ⟨DP₁, V⟩, ⟨DP₁, DP₂⟩, ⟨DP₁, NP⟩, ⟨I, V⟩, ⟨I, DP₂⟩, ⟨I, NP⟩, ⟨V, NP⟩}

(37) において，⟨ ⟩ でくくられている対はすべて，左側の要素が右側の要素を c 統御している．また，(36) には，そのほかには非末端節点で同様の関係にあるものはない．この種の ⟨X, Y⟩ によって X から Y という順序関係を表現する特殊な集合のことを，順序対 (ordered pair) という．次に，この順序対の集合から，各非末端節点が支配する末端節点 (語彙項目) の順序対を作成する．たとえば，⟨V, NP⟩ からは，V が支配する loves と，NP が支配する Mary の順序対 ⟨loves, Mary⟩ が作成される．この，末端節点を抜き出す過程を d と呼ぶならば，以下のような式が成り立つ．

(38)　d(⟨V, NP⟩) = ⟨loves, Mary⟩

この d を先の非末端節点の順序対の集合 A に適用すると，末端節点の順序対の集合が作成される．

(39)　d(A) = {⟨Bill, PRES⟩, ⟨Bill, loves⟩, ⟨Bill, Mary⟩, ⟨PRES, loves⟩, ⟨PRES, Mary⟩, ⟨loves, Mary⟩}

Kayne によれば，この集合が語順の表現そのものであるというのである．

(40)　線条的対応関係の公理（Linear Correspondence Axiom）：d(A) は構造表示の線形順序である．　　　　　　　　　（Kayne 1994, 6）

つまり，(39) の順序関係が，語順における先行関係になるわけであり，したがって (36) は，

(41)　Bill PRES loves Mary.　（PRES は発音されない）

という語順を表現することになるのである．

　この考え方を厳密に採用すると，構造表示は，意味解釈が適正にできると同時に，上記の過程によって適正に語順が決定できるものでなければならないことになる．したがって，上記 (36) の VP の内部構造は，(42) であって (43) ではいけない．

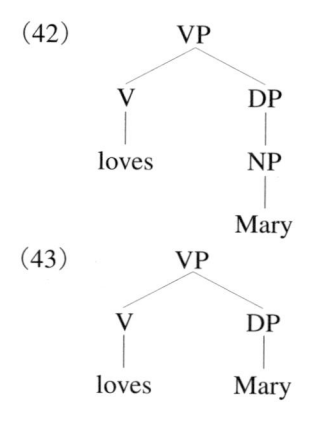

(42)
```
        VP
       /  \
      V    DP
      |    |
    loves  NP
           |
          Mary
```

(43)
```
        VP
       /  \
      V    DP
      |    |
    loves Mary
```

(43) の構造をとると，V と DP はお互いを c 統御するので，(42) のように DP — NP の階層構造を生成して，c 統御関係を非対称的にする必要があるのである．このように，特定の句節点が生成されるかどうかも，語順の決定可能性に部分的に依存するのであるから，Kayne によれば X バー理論は不必要であることになる．最小句構造理論が目ざしている，句構造の無駄の排除と本当に必要な句構造のみの生成という，2 つの目標への到達方法を早くから指摘していた点で，Kayne の理論は句構造の理論にとって革新的であったと言ってよい．

　また，8.2.5 節で指摘した，多重枝分かれ構造が不可能であることも，Kayne の理論は簡単に説明できる．多重枝分かれの，たとえば (44) においては，すべての要素がお互いを c 統御してしまい，非対称的 c 統御の関係にある対の集合，A がつくれず，語順が決定できない．

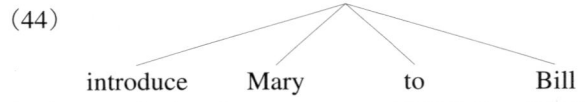

(44)

　　　　introduce　　Mary　　　to　　　Bill

(45)　a.　(44) にとっての A = φ（非対称的 c 統御関係が存在しないため）
　　　b.　(44) にとっての d(A) = φ
　　　c.　(44) の語順: 決定せず

　一部要素に投射があった場合，たとえば (46) のような場合でも，語順決定は部分的にしかできない．たとえば，introduce と DP 内の要素の間には非対称的 c 統御が成り立つので，語順が決定できるが，2 つの DP の内部要素同士，たとえば woman と professor は，c 統御の関係がそもそも成り立たないので，語順を決定できないのである．

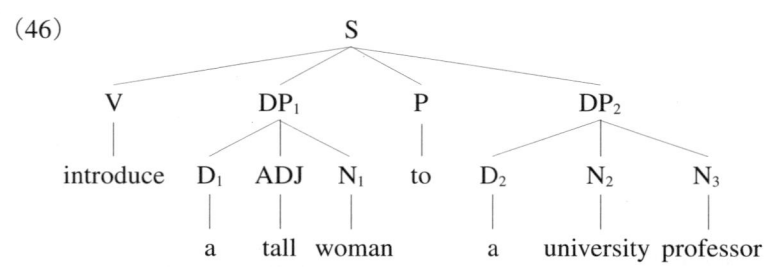

(46)
```
                    S
       ┌────┬───────┼──────┬────────┐
       V   DP₁      P      DP₂
       │  ┌─┼─┐     │    ┌──┼──┐
       │  D₁ ADJ N₁ │    D₂ N₂  N₃
   introduce │  │  │ to  │  │   │
            a tall woman  a university professor
```

(47) a. (46) にとっての A = {⟨V, D₁⟩, ⟨V, ADJ⟩, ⟨V, N₁⟩, ⟨V, D₂⟩, ⟨V, N₂⟩, ⟨V, N₃⟩, ⟨P, D₁⟩, ⟨P, ADJ⟩, ⟨P, N₁⟩, ⟨P, D₂⟩, ⟨P, N₂⟩, ⟨P, N₃⟩}

b. (46) にとっての d(A) = {⟨introduce, a⟩, ⟨introduce, tall⟩, ⟨introduce, woman⟩, ⟨introduce, a⟩, ⟨introduce, university⟩, ⟨introduce, professor⟩, ⟨to, a⟩, ⟨to, tall⟩, ⟨to, woman⟩, ⟨to, a⟩, ⟨to, university⟩, ⟨to, professor⟩}

c. (46) の語順: introduce と to がお互いを除く全単語に先行することのみ決定.

語順が決定できない構造が音韻部門で排除されるのは，先に述べたとおりである．したがって，句構造は，つねに構成素同士に非対称的な c 統御関係を持たせるような形で投射せねばならず，そのためには上の例のような多重枝分かれの構造は，許容不可能なのである．

8.3.1 Kayne 理論の技術的問題

　Kayne の考え方は斬新なものであるが，同時に，いくつかの技術的な問題をはらんでいる．そのうち大きなものは 2 つある．1 つは，Kayne の考え方では非対称的な c 統御関係は，つねに語順の先行を表すので，主要部はつねに補部に先行することになり，日本語のような主要部末尾型言語の扱いが困難であるということである．たとえば，「太郎のおじに会う」というフレーズは，[[太郎のおじに]会う]となり，「会う」が他の要素を非対称的に c 統御するので，「会う」が先行するという事実に反する予測をすることになる．これに関して Kayne は，格助詞が主要部である可能

性や，語順調整のための特殊な機能範疇の存在の可能性を提案しているが，説得力を持つにはいたっていない(立石（1999），竹沢・Whitman（1998）参照).

もう1つの問題は，たとえばBill, Maryのような単純な名詞句構造が，語順決定のためにDP→NPと展開されている場合と，そうでない場合が存在する点である．(36)を見ると，主語のDP Billはそれ以上展開されていないが，目的語のDP Maryは，さらにNPに展開されている．これは，語順決定のために必要なものなのであるが，句構造を最小にするという精神からは，NPへの展開は併合をともなわない展開なので無駄であるし，また句構造の2項性の精神にも反する．Kayne理論はこの問題について，明確な概念的解答を与えるべきであろう．

8.3.2 Kayne (1994) の理論的位置づけ

上記の点との関わりで，Chomsky (1995, 1998) のKayne理論の取り扱いは，別の興味深い問題を提示する．Chomskyは最小句構造理論を提案するにあたり，語順決定を音韻部門の仕事としている（⇒ 8.2.4–8.2.5）．そのさい，Kayneのメカニズムのようなものが，音韻論内に存在するであろうと考えている．つまり，語順は，最小句構造(単なる集合)にKayneの語順決定アルゴリズムを適用した結果なのである．

しかしながら，この仮定には問題がある．たとえば，John loves Mary. という文の構造を最小句構造理論の表示で表すと，以下のようになる．

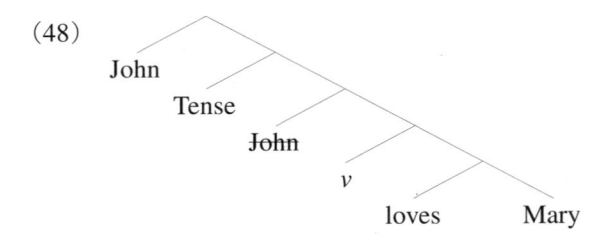

(48)
```
         John
           \
          Tense
             \
            John
               \
                v
                 \
                loves  Mary
```

最小句構造理論では，すべてが集合論的要素なので，末端節点と非末端節点の区別をしない．そこで，d(A)を求めるにさいし，非末端節点の集合

Aを求める意味がない．そこで，(48)において非対称的c統御関係にある対の集合を求めると，それがそのままd(A)になる．(48)の場合は，ほとんど問題なく語順が計算できるように見える（発音されない要素は除く）．

 (49) (48)のd(A) = {⟨John, loves⟩, ⟨John, Mary⟩}

(49)は，主語のJohnが先行するという事実を正しく記述しているが，lovesとMaryの語順については，何も情報を与えてくれない．この2つの語は，お互いをc統御するからである．この問題点は，単純な名詞句構造，たとえばa dogのようなものにおいても観察される．

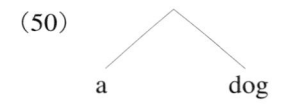

 (50)

    a dog

(50)においても，aとdogはお互いをc統御しているので，要素間の語順が決定できないのである．(48)の場合には，たとえば，lovesがvの位置へ顕在的に移動するような分析を仮定すれば，非対称的に目的語のMaryをc統御するので，解決可能であるが，(50)の場合には，そのような解決方法はない．唯一あるとすれば，最小句構造理論以前の句構造である，[DP a [NP dog]]のような構造を与えることであるが，それを満たす(51)のような枝分かれしない中間節点を採用した構造は，最小句構造理論では認可されない．これは明らかに，最小句構造理論の「最小性」の精神に反するからである（立石1999）．

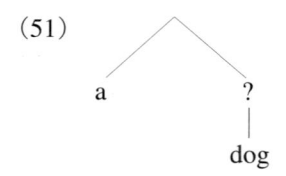

 (51)

    a ?
        |
       dog

つまり，最小句構造理論では，句構造は必然的に2項的であるがために，Kayneが必要とした語順決定のための過程が，不完全なままで終わって

しまうのである．2項性ゆえに，文中には必ずお互いをc統御する要素の対があるので，それらに対しKayneのメカニズムは語順を与えられないのである．句構造と音韻論のインターフェイスという観点から，何が本当に無駄のない句構造の理論なのかを考える必要性を，Kayneなどの理論による語順決定アルゴリズムは提示してくれるのである．

8.3.3 重名詞句移動と右方転移

語順との関わりでもう1つ興味深いのは，重名詞句移動（Heavy NP Shift）のような右方転移（rightward shift）の問題である．

(52) a. John gave a book to Mary.
b. John gave to Mary *a book which she has been looking for for a long time*.

この種の現象の談話的側面については，本シリーズの第11巻『右方移動と焦点化』に，また音韻句などの概念については第14巻『アクセントとリズム』に詳しいので，ここでは統語的現象としての問題点のみに集中することとする．伝統的に生成文法の枠組みでは，この種の現象は，「重い」名詞句の右方への移動規則であると捉えられてきた．

(53) John [VP [VP gave *t* to Mary] [DP *a book which she has been looking for for a long time*]].

しかし，この考え方は，Kayne理論をとると成り立たない．なぜなら，付加はつねに非対称的c統御関係を生み出すからである．(53)にあるように，もし仮に右方移動がVPへの付加であるとすると，「重い」名詞句 a book which she has been looking for for a long time は，VPを非対称的にc統御するので，Kayneのアルゴリズムに従えば，「重い」名詞句はVPに先行することになってしまう．これでは，右方転移の語順が正しく派生できない．

Kayneもこの問題は認識しており，重名詞句移動は，実は，動詞と前置詞句を含む動詞句の，左方への移動の結果であるとしている．しかし，

この移動現象の動機づけは欠けていると言わざるをえない．Takano (1998) は，重名詞句移動は，移動の痕跡が発音された結果であるとの分析を提示しており，たいへん興味深い．右方転移が派生のどの段階，どの部門で行なわれているのかは，これからも統語論上の大きな問題として残っていくであろう．

8.3.4 統語論と音韻論

仮に語順が，Kayne の言うアルゴリズムに基づいて決定され，それが音韻部門で行なわれるとしたときに，もとの統語構造は音韻部門にそのまま受け渡されて残っているのか，というのも大きな問題である．一般に，文法の部門間は，インターフェイスのレベル以外では厳密なモジュール性を保っていると言われており，もし句構造が音韻部門にそのままの形で入ってくるとすると，音韻論の扱える概念が増えるわけであるから，音韻論の姿も大きく変化せざるをえなくなる．最適性理論による音韻分析において，文法部門間の垣根を取り払う動きが多く見受けられるが，統語論の側から見たときに，音韻論・意味論とのコミュニケーションのとり方に，句構造の問題は大きく関わってくるのである．

8.4 ま と め

本章では，句構造について，生成文法の誕生前後からどのような考え方が提示されてきたかを，ほぼ歴史的流れに沿って概観してきた．言うまでもなく，句構造という文法的構築物は統語論の基礎をなすものであり，この姿がどういうものになるかに応じて，他の移動・素性などについての考え方も左右される．これからの統語論においても，句構造のあり方は問われ続けるであろうし，また幾多の変遷を経ていくものであろうが，本章で見たように，現状はいくつかの考え方に基づいた句構造が混交して使われている．それぞれの句構造がどのような考え方に基づいて，何を表現しているのかを見きわめることが，なによりも重要である．

第9章　おわりに: あらためて構造とは

　第1章でも述べたとおり，意味・音韻・統語の各部門にとって，つまり言語のあらゆる側面において，構造という概念は必要不可欠なものとして存在している．それは，ふだんわれわれの意識に簡単に上るものではないが，言語教育の道具として，また文理解，文産出の手がかりとして使用されているものである．

　第1章におけるこの指摘をふまえて，第2章では，現在の言語構造分析においてもっとも広範に枠組みとして用いられている，生成文法理論の基本的な考え方と，実際に統語分析を行なううえで必要な，予備知識の解説を行なった．人間一人一人の持つ言語機能と外的な言語環境との相互作用の結果，脳内に言語知識(個別言語の文法と語彙の情報)が形成され，それが言語表現を理解したり産出したりするさいに使われるのであるが，生成文法理論は，言語知識をとおして言語機能の性質を解明し，「人間はなぜコトバが話せるのか」という問いに答えることを目標にしている．より具体的には，生成文法理論は次のような5つの研究課題を掲げている．

(1)　a.　言語知識の内容は，どのようなものか.
　　　b.　言語知識はいつ，どのようにして脳内に形成されるのか.
　　　c.　言語知識は，実際の言語運用でどのように使用されるのか.
　　　d.　言語機能は，いつどのようにして人類に備わり，進化してきたのか.
　　　e.　言語機能は，脳内でどのように具現化されているのか.

これまでの研究の結果，言語機能には，不変の文法原理と，生後経験に照

らして値が決定されるパラメータが含まれていると考えられている．文法原理の中でもっとも重要なのが，「併合」と「移動」である．併合は，2つの構成素を結合して，どちらか一方の性質を引き継いだ，より大きな構成素(句)を形成する文法操作である．併合には，2項的(2つの要素を結合する)であるという性質と，非対称的(どちらか一方の投射を形成する)であるという性質がある．移動は，直感的には任意の構成素を他の場所に移す操作であるが，移動のコピー理論によると，これは，それまでに形成された構成素全体と，その中に含まれる別の構成素のコピーとを併合する文法操作である．本書では，併合と移動をそれぞれ単一の文法原理(文法操作)であると仮定しているが，より一般的な原理の相互作用に還元できる可能性が高い．

　この2つの文法原理を基礎として，言語表現は，心内辞書(lexicon)から選ばれた複数の語彙項目(lexical items)に，併合と移動を繰り返し適用することによって派生される．語彙項目は，統語的性質の異なる複数の統語範疇に分かれている．さまざまな統語範疇のうち，動作や状態などを表し，文の意味的な中心になっている単語を「述語」，述語の表す動作などに関与する人や物をさし示す表現を「項」という．述語が選択する項の数と種類を定めた情報を，項構造といい，心内辞書に記載されている．項構造に定められたとおりの数と種類の項が，統語的に実現することを定めた文法原理を，「θ基準」という．文の派生は，θ基準を満たした形での融合と移動が繰り返し適用された結果であり，それによって言語表現が完成するのである．

　第3章において，英語平叙文の基本的構造を示したが，そこでは，英語の文は法助動詞を含むと含まざるとにかかわらず，基本的に(2)のような構造を持つことを見た．

　　（2）　[$_{CP}$ C [$_{IP}$ I [$_{VP}$ V]]]

すなわち，文は命題の主要部分を担うVPを中核とし，その外側に時制や一致などをつかさどるIPがあり，さらにその外側に，その文が平叙文か疑問文かなどといった文のタイプに関する情報を持つCPがくる，と

いう階層構造をなしている．主語は IP の指定部に，目的語は V の補部に現れる．法助動詞は，時制素性や一致素性とともに，IP の主要部を構成する．否定文では，IP と VP の間に，否定辞を主要部とする NegP が生起することを示した．

また第 3 章においては，θ 役割を満たしていれば文はすべて許容されるわけではなく，文中に生起する決定詞句は，すべて格素性を付与されなければならない(格フィルター)ことも示した．さらに受動文の分析をとおして，格付与能力の欠如した構文における名詞句移動の実態を見た．

次に，補文構造を概観した．補文にはさまざまな種類があるが，基本的には主文と同じ(2)のような構造を持っている．定形節か不定詞節か，平叙文か疑問文かなどによって，補文標識の種類が変わる．たとえば，定形節の平叙文では that が，不定詞節の一般疑問文では whether が用いられる．定形節か不定詞節かによって，屈折辞の内容も変わる．定形節の屈折辞は，法助動詞や時制素性，一致素性などから構成されているが，不定詞節の屈折辞は to である．この to には格付与能力がないので，不定詞節の主語は，補文標識の for や主文動詞などから格素性を付与される．

第 3 章の終りに，言語間に存在する語順の違いについて概観した．これには 2 つの要因が関与している．1 つは，句の主要部と補部の前後関係を定める，主要部パラメータの値である．たとえば，英語は主要部先頭の値を，日本語は主要部末尾の値をとっている．語順の違いを生み出すもう 1 つの要因は，移動の有無である．たとえば，英語とウェールズ語は同じ主要部パラメータの値(主要部先頭)を持っているが，英語の主動詞が元位置にとどまっているのに対して，ウェールズ語では動詞が補文標識の位置まで移動するので，表面に現れる語順はまったく異なっている．しかしながら，これらのパラメータ・移動操作における言語間の違いの可能性は，数のうえでは限られており，むしろ少数の差異で，驚くほど多くの言語の文法的違いを説明できるのである．

第 4 章で，さらに平叙文の分析を詳細に見るにあたって，自動詞には，表面上の主語が外項である非能格動詞に加えて，表面上の主語が内項である非対格動詞があるという考え，すなわち非対格仮説を紹介した．非対格

仮説は，存在文，結果構文，受動形容詞，および幼児英語の「動詞・主語」語順の発話などの諸現象によって支持される．またこの章において，述語の項は外項も含めて，すべてその述語の投射内に併合されるとする説，動詞句内主語仮説について解説した．動詞句内主語仮説には，遊離数量詞の分布，VP等位構造，幼児英語の否定文など，さまざまな証拠が示されている．

　さらに，3項動詞文のような構文において，二枚貝のように重なり合った2つの動詞句が含まれているという分析，VPシェル分析を概観した．VPシェル分析によると，3項動詞の外項は上の動詞句の指定部の位置に，2つの内項は下の動詞句の指定部と補部の位置に，それぞれ併合される．

　4章の終りに，従来屈折辞を構成すると考えられていた時制素性と一致素性が，実は，それぞれ独立した機能範疇であり，別々の句を投射するという考え（分離屈折辞仮説），および，3項動詞文だけでなく，一般的に1つの節の中に少なくとも2つの動詞句が存在し，それらの間にAGRoPなどの機能範疇の投射が介在しているという考え（分離動詞句仮説）について論究した．分離屈折辞仮説や分離動詞句仮説で重要な役割を果たしている機能範疇AGRは，語彙的意味をまったく持たないため，その存在を疑問視する意見がある．現在，AGRを含む分離動詞句構造とAGRを含まない分離動詞句構造の，どちらが経験的により妥当性があるか，多くの研究者によって検証が行なわれている．

　第5章では，疑問文とその関連構文を分析した．主節の疑問文では，一般疑問文においても特殊疑問文においても，いわゆる「主語と助動詞の倒置」が起きる．これは，屈折辞が補文標識の疑問素性（[Q]）に牽引されて，補文標識に付加するためである．特殊疑問文では，これに加えて，疑問詞（を含む句）が補文標識の[WH]素性に牽引されて，補文標識の指定部に移動する．

　間接疑問文の場合は，屈折辞の補文標識への移動が起こらない．疑問詞を含まない一般間接疑問文では，補文標識にifやwhetherが用いられる．疑問詞を含む特殊間接疑問文では，音形のない補文標識が用いられ，疑問詞（を含む句）がその指定部の位置に移動する．補文として間接疑問文が生

起するかどうかは，主文述語の項構造によって決まる．項構造をどのように規定すべきかについては諸説あり，研究者の意見が一致していない．

次に，統語的移動の制約について概観した．これまでの研究で，「下接の条件」，「摘出領域条件」，「最短連結条件」など，さまざまな制約の候補が提案されているが，まだ十分に移動の制約の性質が解明されたとは言えない．

また，疑問文に関連した構文の例として，関係詞節，話題化，否定要素前置について観察した．関係詞節では，関係詞が節の先頭（補文標識の指定部）に移動する．関係詞には，音形を持つもの（which, who など）と音形を持たないもの（空演算子）があるが，どちらのタイプの関係詞の移動も，疑問文における疑問詞の移動に課せられるのと同種の制約に従う．話題化や否定要素前置も，疑問詞や関係詞の移動と同じAバー移動であり，移動の諸制約に従う．前置された話題と否定要素が同一節中に並んで共起できることから，1つの句が複数の指定部を持つ可能性が示唆される．

最後に，疑問文の類型論について考察した．英語の特殊疑問文では，疑問詞が1つ文頭に移動するが，日本語のように疑問詞が移動しない言語や，フランス語のように疑問詞の移動が随意的な言語，ブルガリア語のようにすべての疑問詞が文頭に移動する言語など，さまざまなタイプの言語が存在する．

第6章，第7章においては，疑問文の分析で採用した統語素性の概念を援用することによって，命令文と感嘆文の分析を試みた．補文標識・時制辞Iの構文間の類型論的考察など，まだ本格的に試みなくてはいけない課題があることを示唆した．

最後に第8章においては，英語諸構文の分析において採用した句構造分析の考え方の発展について，歴史的に見ると同時に，現在の問題点を指摘した．いわゆる構成素の考え方は従前よりあり，言語に不可欠な単位として意識されていたのであるが，これがはたして何の情報を表現したものなのかについては，歴史的にも同時代の研究者間でも，意見の一致を見ていないこと，そして，現在においても，はたして句構造は語順の情報も伝えるものなのかどうかについて，議論がかわされていることを指摘した．

以上，本書でこれまで解説・概観してきたことをまとめたが，これらに一貫しているものがあるとすれば，それは，英語の諸構文の分析にとって，表層の音形や深層の概念構造に必ずしも明示されない，抽象的(句)構造の概念が，たいへん有機的に働いている，ということであろう．われわれ人間は，何も手がかりがないところから，1つの結論を導き出すことができるような知性は兼ね備えていない．一見何もなさそうなところでも，なんらかの決まり事があって，それを手がかりにして，われわれは推論・結論の構築を行なっている．たとえば，クロスワード・パズルという遊びがある．もしこれが下のような形式だったならば，われわれはこれを到底解くことはできない．

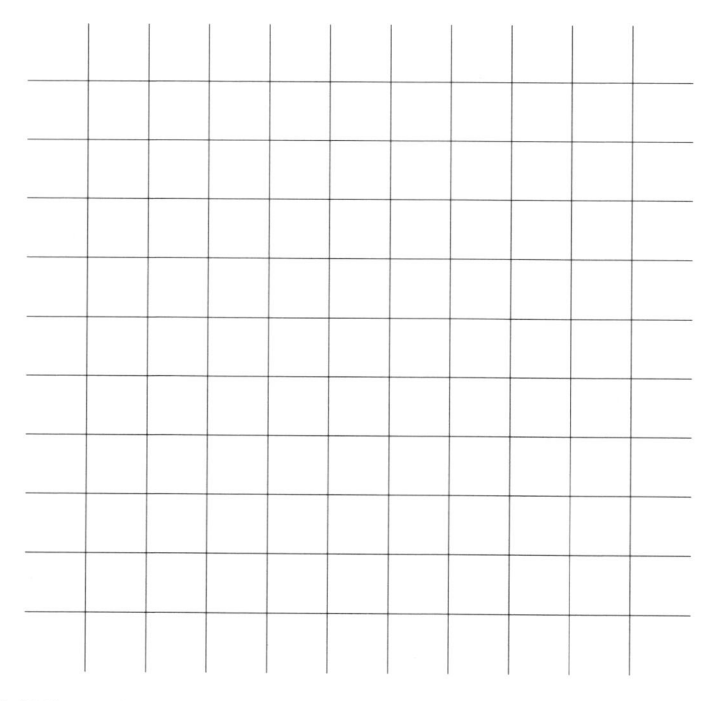

きちんと推論ができるためには，パズルは次のような形式でなければならない．

第 9 章　おわりに　191

　クロスワード・パズルに限らず，ありとあらゆる社会的行動は，どのような形式で，どこに何をあてはめるべきかについてあらかじめ規定がないと，何もすることができないのである．言語も，これと同じだということである．言語も，基本的に上の図の白いマスと黒いマスの意味のように，どこに何をあてはめるべきかについての確固とした規定，構造があって，それに「タテのカギ」・「ヨコのカギ」に相当する語彙（語彙範疇と機能範疇）をはめ込むことによって，1つの構築物を完成させているのである．
　ただし，本書で紹介した生成文法理論が以前の理論とどう違うのかというと，生成文法理論では，白いマスと黒いマスに相当する知識は，あらかじめ人間の遺伝子内で与えられていて，各言語は，それぞれの種類のマスをどこに配置するのかを決定する（それも上の数字の配置に見られるようにきわめて限られた形で），と考えるのである．その意味で，生成文法理

論は言語を，それ以前の言語学で言われていたような純粋に社会的な構築物ではなく，生物学的器官であると捉えているのである．この点に関しては，生成文法理論の歴史的流れの中でさまざまな反論があり，それに対し生成文法研究者は Chomsky を中心として，論駁を繰り返してきたのである．今後もこの種の論争は続くであろうし，最終的にどのような結論が導き出されるのか，あるいははたして結論が出るのかも明確ではない．それでも，言語という人間の営みに，われわれが想像するよりはるかに詳細にわたる構造的側面が存在することは，間違いがないのであり，その意味での生成文法理論の言語学に対する貢献は，確固としてゆるぎないものであると言えるであろう．

参 考 文 献

Aoun, Joseph and Audrey Li (1989) "Scope and Constituency," *Linguistic Inquiry* 20, 141–172.
Baker, Carl L. (1995) *English Syntax* [2nd Edition], MIT Press, Cambridge, MA.
Baker, Mark, Kyle Johnson, and Ian Roberts (1989) "Passive Arguments Raised," *Linguistic Inquiry* 20, 219–251.
Bellugi, Ursula (1967) *The Acquisition of Negation*, Doctoral dissertation, Harvard University.
Bloom, Lois (1970) *Language Development: Form and Function in Emerging Grammars*, MIT Press, Cambridge, MA.
Bloomfield, Leonard (1933) *Language*, Holt, New York.
Bolinger, Dwight L. (1977) *Form and Meaning*, Longmans, London.
Bouton, L. F. (1982) "Stem Polarity and Tag Intonation in the Derivation of the Imperative Tag," *Papers from the Parasession on Nondeclaratives*, Chicago Linguistic Society, Chicago.
Bowers, John (1993) "The Syntax of Predication," *Linguistic Inquiry* 24, 591–656.
Brown, Roger (1973) *A First Language: The Early Stages*, Harvard University Press, Cambridge, MA.
Brown, Roger, Courtney Cazden, and Ursula Bellugi (1968) "The Child's Grammar from I to III," *Minnesota Symposium on Child Language Development*, 2, ed. by J. P. Hill, 28–73, University of Minnesota Press, Minneapolis.
Burton, Strang and Jane Grimshaw (1992) "Coordination and VP-Internal Subjects," *Linguistic Inquiry* 23, 305–313.
Burzio, Luigi (1986) *Italian Syntax*, Reidel, Dordrecht.
Chomsky, Noam (1964) *Current Issues in Linguistic Theory*, Mouton, The Hague.

Chomsky, Noam (1965) *Aspects of the Theory of Syntax*, MIT Press, Cambridge, MA.

Chomsky, Noam (1970) "Remarks on Nominalization," *Readings in English Transformational Grammar*, ed. by Roderick A. Jacobs and Peter S. Rosenbaum, 184–221, Ginn, Waltham, MA.

Chomsky, Noam (1973) "Conditions on Transformations," *A Festschrift for Morris Halle*, ed. by Stephen Anderson and Paul Kiparsky, 232–286, Holt, Rinehart and Winston, New York.

Chomsky, Noam (1981) *Lectures on Government and Binding*, Foris, Dordrecht.

Chomsky, Noam (1986) *Barriers*, MIT Press, Cambridge, MA.

Chomsky, Noam (1991) "Some Notes on Economy of Derivation and Representation," *Principles and Parameters in Comparative Grammar*, ed. by Robert Freidin, 417–454, MIT Press, Cambridge, MA.

Chomsky, Noam (1993) "A Minimalist Program for Linguistic Theory," *The View from Building 20*, ed. by Kenneth Hale and Samuel Jay Keyser, 1–52, MIT Press, Cambridge, MA.

Chomsky, Noam (1995) *The Minimalist Program*, MIT Press, Cambridge, MA.

Chomsky, Noam (1998) *MIT Occasional Papers in Linguistics* 15: *Minimalist Inquiries: The Framework*, MIT Press, Cambridge, MA.

Chomsky, Noam (1999) *MIT Occasional Papers in Linguistics* 18: *Derivation by Phase*, MIT Press, Cambridge, MA.

Chomsky, Noam (2000) "Minimalist Inquiries: The Framework," *Step by Step: Essays on Minimalist Syntax in Honor of Howard Lasnik*, ed. by Roger Martin, David Michaels, and Juan Uriagereka, MIT Press, Cambridge, MA.

Chomsky, Noam (2001) "Beyond Explanatory Adequacy," ms., MIT.

Culicover, Peter (1991) "Polarity, Inversion, and Focus in English." *Proceedings of NELS* 21, 46–68

Davies, Eirlys (1986) *The English Imperative*, Croom Helm, London.

Delahunty, G. P. (1983) "But Sentential Subjects Do Exist," *Linguistic Analysis* 12, 379–398.

Déprez, Viviane and Amy Pierce (1993) "Negation and Functional Heads

in Early Grammar," *Linguistic Inquiry* 24, 25–67.
Elliott, Dale (1974) "Toward a Grammar of Exclamations," *Foundations of Language* 11, 231–246.
Fillmore, Charles J. (1968) "The Case for Case," *Universals in Linguistic Theory*, ed. by Emmon Bach and Robert Harms, 1–88, Holt, Rinehart and Winston, New York.
Fukui, Naoki (1986) *A Theory of Category Projection and Its Applications*, Doctoral dissertation, MIT.
Fukui, Naoki and Margaret Speas (1986) "Specifiers and Projection," *MIT Working Papers in Linguistics* 8: *Papers in Theoretical Linguistics*, ed. by Naoki Fukui, Tova R. Rapoport, and Elizabeth Sagey, 128–172, Department of Linguistics and Philosophy, MIT.
Fukui, Naoki and Yuji Takano (1998) "Symmetry in Syntax: Merge and Demerge," *Journal of East Asian Linguistics* 7, 27–86.
Greenberg, Joseph H., ed. (1963) *Universals of Language*, MIT Press, Cambridge, MA.
Grimshaw, Jane (1979) "Complement Selection and the Lexicon," *Linguistic Inquiry* 10, 279–326.
Grimshaw, Jane (1981) "Form, Function, and the Language Acquisition Device," *The Logical Problem of Language Acquisition*, ed. by Carl L. Baker and John McCarthy, MIT Press, Cambridge, MA.
Hale, Ken (1980) "Remarks on Japanese Phrase Structure: Comments on the Papers on Japanese Syntax," *MIT Working Papers in Linguistics* 2: *Theoretical Issues in Japanese Linguistics*, ed. by Ann Farmer and Yukio Otsu, 185–203, Department of Linguistics and Philosophy, MIT.
Henry, Alison (1995) *Belfast English and Standard English*, Oxford University Press, Oxford.
Huang, James (1982) *Logical Relations in Chinese and the Theory of Grammar*, Doctoral dissertation, MIT.
Iatridou, Sabine (1990) "About AGR(P)," *Linguistic Inquiry* 21, 551–577.
今井邦彦・中島平三 (1978) 『現代の英文法 5: 文 II』研究社出版, 東京.
Jaeggli, Osvaldo (1986) "Passive," *Linguistic Inquiry* 17, 587–622.

Jackendoff, Ray (1977) $\bar{X}$ Syntax: A Study of Phrase Structure, MIT Press, Cambridge, MA.

Jackendoff, Ray (1994) Patterns in the Mind: Language and Human Nature, Basic Books, New York.

影山太郎 (1996)『動詞意味論』くろしお出版, 東京.

Kayne, Richard S. (1994) The Antisymmetry of Syntax, MIT Press, Cambridge, MA.

Kitagawa, Yoshihisa (1986) Subjects in Japanese and English, Doctoral dissertation, University of Massachusetts.

Koizumi, Masatoshi (1993) "Object Agreement Phrases and the Split VP Hypothesis," MIT Working Papers in Linguistics 18: Papers on Case and Agreement I, ed. by Jonathan Bobaljik and Colin Phillips, 99–148, Department of Linguistics and Philosophy, MIT.

Koizumi, Masatoshi (1994) "Layered Specifiers," Proceedings of NELS 24, 255–269.

Koizumi, Masatoshi (1995) Phrase Structure in Minimalist Syntax, Doctoral dissertation, MIT. [A revised version published by Hituzi Syobo, Tokyo, 1999]

Koizumi, Masatoshi (2000) "The Split VP Hypothesis: Evidence from Language Acquisition," ms., Tohoku University. [To appear in Language Universals and Variation, ed. by Mengistu Amber, Ablex, Westport, CT.]

Koopman, Hilda and Dominique Sportiche (1991) "The Positions of Subjects," Lingua 85, 211–258.

Kuroda, S.-Y. (1988) "Whether We Agree or Not: A Comparative Syntax of English and Japanese," Linguisticae Investigationes 12, 1–47.

Laka, Itziar (1990) Negation in Syntax: On the Nature of Functional Categories and Projections, Doctoral dissertation, MIT.

Lakoff, George (1984) "Performative Subordinate Clauses," Berkeley Linguistic Society 10, 472–480.

Larson, Richard (1988) "On the Double Object Construction," Linguistic Inquiry 19, 335–392.

Lasnik, Howard (1999) "Pseudogapping Puzzles," Studies in Ellipsis and Gapping, ed. by Shalom Lappin and Elabbas Benmamoun, 141–174,

Oxford University Press, Oxford.
Lasnik, Howard and Mamoru Saito (1992) *Move α*, MIT Press, Cambridge, MA.
Lees, Robert B. (1960) *The Grammar of English Nominalizations*, Supplement to *International Journal of American Linguistics* 26.
Levin, Beth (1993) *English Verb Classes and Alternations: A Preliminary Investigation*, University of Chicago Press, Chicago.
Levin, Beth and Malka Rappaport Hovav (1995) *Unaccusativity at the Syntax-Lexical Semantics Interface*, MIT Press, Cambridge, MA.
MacWhinney, Brian (2000) *The CHILDES Database: Tools for Analyzing Talk*, Volume 2: *The Database* [3rd Edition], Lawrence Erlbaum, Mahwah, NJ.
McCawley, James D. (1998) *The Syntactic Phenomena of English*, University of Chicago Press, Chicago.
McCawley, Noriko Akatsuka (1973) "Boy, Is Syntax Easy," *Chicago Linguistic Society* 9, 369–377.
McCloskey, James (1979) *Transformational Syntax and Model Theoretic Semantics*, Reidel, Dordrecht.
McNally, Louise (1992) "VP Coordination and the VP-Internal Subject Hypothesis," *Linguistic Inquiry* 23, 336–341.
Miller, Wick R. and Susan M. Ervin (1964) "The Development of Grammar in Child Language," *The Acquisition of Language: Monograph of the Society for Research in Child Development* 29, ed. by Ursula Bellugi and Roger Brown, 9–34.
Nida, Eugene A. (1951) *A Synopsis of English Syntax*, Afghan Institute of Technology, South Pasadena, CA.
Odijk, Jan (1997) "C-Selection and S-Selection," *Linguistic Inquiry* 28, 365–371.
Partee, Barbara H., Alice ter Meuren, and Robert E. Wall (1990) *Mathematical Methods in Linguistics*, Kluwer Academic, Dordrecht.
Perlmutter, David and Paul Postal (1984) "The 1-advancement Exclusiveness Law," *Studies in Relational Grammar* 2, ed. by David Perlmutter and Carol Rosen, 81–125, University of Chicago Press, Chicago.

Pesetsky, David (1982) *Paths and Categories*, Doctoral dissertation, MIT.
Pesetsky, David (1995) *Zero Syntax*, MIT Press, Cambridge, MA.
Peters, P. Stanley and R. W. Ritchie (1973) "On the Generative Power of Transformational Grammars," *Information Sciences* 6, 49–83.
Pierce, Amy (1992) *Language Acquisition and Syntactic Theory: A Comparative Analysis of French and English Child Grammars*, Kluwer, Dordrecht.
Pollock, Jean-Yves (1989) "Verb Movement, Universal Grammar, and the Structure of IP," *Linguistic Inquiry* 20, 365–424.
Ross, John R. (1967) *Constraint on Variables in Syntax*, Doctoral dissertation, MIT.
Ross, John R. (1972) "Double -ing," *Linguistic Inquiry* 3, 61–86.
Rudin, Catherine (1988) "On Multiple Questions and Multiple Wh Fronting," *Natural Language and Linguistic Theory* 6, 445–501.
Saito, Mamoru (1985) *Some Asymmetries in Japanese and Their Theoretical Implications*, Doctoral dissertation, MIT.
Speas, Margaret (1987) *Adjunctions and Projections in Syntax*, Doctoral dissertation, MIT.
Sportiche, Dominique (1988) "A Theory of Floating Quantifiers and Its Corollaries for Constituent Structure," *Linguistic Inquiry* 19, 425–449.
Stockwell, Robert P., Paul Schachter, and Barbara H. Partee (1973) *The Major Syntactic Structures of English*, Holt, Rinehart and Winston, New York.
Takano, Yuji (1998) "Object Shift and Scrambling," *Natural Language and Linguistic Theory* 16, 817–889.
竹沢幸一・John Whitman (1998)『日英語比較選書9: 格と語順と統語構造』研究社出版, 東京.
立石浩一 (1999)「インターフェース論はあり得るのか?」『音声研究』第3巻第1号, 4–19.
Thornton, Rosalind (1990) *Adventures in Long-Distance Moving: The Acquisition of Complex WH-Questions*, Doctoral dissertation, University of Connecticut, Storrs.
Thornton, Rosalind and Stephen Crain (1994) "Successful Cyclic Move-

ment," *Language Acquisition Studies in Generative Grammar*, ed. by Teun Hoekstra and Bonnie D. Schwartz, 215–252, John Benjamins, Amsterdam / Philadelphia.

Travis, Lisa (1984) *Parameters and Effects of Word Order Variation*, Doctoral dissertation, MIT.

Ura, Hiroyuki (2000) *Checking Theory and Grammatical Functions in Universal Grammar*, Oxford University Press, Oxford.

Watanabe, Akira (1996) *Case Absorption and Wh-Agreement*, Kluwer, Dordrecht.

Zhang, S. (1991) "Negation in Imperatives and Interrogatives: Arguments against Inversion," *Chicago Linguistic Society* 27: 2, 359–373.

索　引

あ　行

アイスランド語　102–104
アイルランド語　117
アルゴリズム　181
言い誤り（speech error）　100
1人称（first person: 1st）　49
1人称命令文　128
1項述語（one-place predicate）　35
1項述語文　86
一致（Agree）　50
一致（agreement）　29, 49, 62, 91, 118, 186
一致素性（agreement feature）　49, 55, 62, 91, 106
一般疑問文　105, 110
移動（Move）　42, 43, 186
移動のコピー理論（copy theory of movement）　44, 45, 99, 118
移動の痕跡　184
移動の制約　115
意味選択（semantic selection: s-selection）　114
意味役割（semantic role）　35, 113
インターフェイス　175
上の動詞句　94
ウェールズ語　73
迂言的助動詞（do）　51, 53, 106, 133
内側の指定部（inner Spec）　125
埋め込み感嘆文　146
埋め込み文（embedded clause）　28, 64
枝（branch）　32
音韻的な構造化　2
音声的な分節化　17
音素レベルの分節化　4

か　行

外項（external argument）　34, 63, 187
外心性　163
階層構造　2
概念・意図システム（conceptual-intentional system）　25
掻き混ぜ（scrambling）　126
格（case）　59, 63
格助詞　59
格素性　61, 62
格フィルター（Case Filter）　61–63, 67, 114
格付与能力　66, 67, 114
過去（past）　49
過去分詞（past participle）　63
過去分詞の形容詞的用法　80
下接の条件（Subjacency Condition）　115, 116, 121, 189
仮主語（虚辞）の it　64
関係概念　160
関係詞　122
関係詞節（relative clause）　116, 122
間接疑問文（indirect question）　110, 115
感嘆文　128, 146
完了の have　55, 56, 107
記述的妥当性（explanatory adequacy）　23
機能範疇（functional category）　25, 29, 52, 72, 191
疑問（Question）　112
疑問詞　109
疑問素性［Q］　106, 109
疑問文　105, 109, 110, 128

境界節点 (bounding node) 116
境界表示 161
強調文 55
局所性条件 (Locality Condition) 118
虚辞 16
虚辞の there 68, 70
句 (phrase) 30, 36
空演算子 (empty operator: Op) 123, 189
空格 (null Case) 69
空集合 175
句構造 159, 162
句構造規則 163
屈折辞 (inflection: I / INFL) 28, 29, 49–51, 60, 72, 91, 105
屈折辞 to 66, 69
屈折辞句 52
屈折辞の最大投射 (IP) 48
屈折辞の中間投射 I′ 48
句の基本構造 39, 42
句の構造 36
繰り上げ (Raising) 67
繰り上げ構文 (raising construction) 68, 121
経験者 (Experiencer) 35
形式類 162
形態的性質 27
形態的・統語的階層構造 5
形態的特性 64
形態的特性テスト 27
形態的な格変化 59
形態論的分節化 4
形容詞句 38
形容詞的受動文 (adjective passive) 62
形容詞文 57
結果構文 (resultative construction) 78, 188
結果述語 (resultative predicate) 78
決定詞 (determiner: D / DET) 28

決定詞句 (Determiner Phrase: DP) 31, 36, 38, 60
牽引 72, 93, 106, 122, 124
原形 129
言語運用上の誤り (performance error) 101
言語獲得 21, 29
言語獲得機能 (language acquisition device: LAD) 21
言語獲得の論理的問題 (logical problem of language acquisition) 21
言語間変異 22, 25, 70, 126
言語機能 (language faculty / faculty of language) 21, 24, 185
～の安定状態 23
～の初期状態 23
言語経験 21
言語使用の創造性 19
言語知識 19, 185
～の獲得 22
～の使用 22
～の内容 21
言語の進化 22
言語の物質的基盤 22
現在 (present) 49
顕在的統語部門 93, 94, 103
原理 (principles) 24, 70
原理とパラメータのアプローチ (principles and parameters approach: P & P) 23
語彙項目 186
語彙範疇 (lexical category) 29, 52, 191
語彙論的仮説 170
項 (argument) 34, 113
行為 162
行為者 162
項位置 63
項構造 (argument structure) 34, 111, 112
恒真式 (tautology) 149

構成素　30, 48, 160
構成素化　4
構成素構造　29, 30, 32
構造　1
構造的多義性　10
後置詞（postposition）　71
肯定倒置型　146
構文パターン　8
呼格　131
語順　26, 29, 32, 70, 71, 160
個別言語　23
懇願・強調の do　140
懇願表現　140
痕跡（trace: *t*）　43, 103
コントローラー（controller）　69
コントロール（control）　69
コントロール構文（control construction）　68, 69

さ　行
再帰代名詞　33, 44, 130
再構築現象　90, 118
再構築効果（reconstruction effect）　44, 45
最終手段の原理（Last Resort Principle）　64, 108
最小句構造理論　172
最小性理論　141
最小投射（minimal projection）　41
最大投射（maximal projection）　41
最短連結条件（Minimal Link Condition）　120, 121, 189
最適性理論　141
削除　129
3 音節　1
3 項述語（three-place predicate）　35
3 項述語文　86
3 項動詞文　188
3 人称（third person: 3rd）　49
恣意的な PRO（arbitrary PRO）　70
刺激の貧困（poverty of stimulus）　21
時制（tense）　29, 49, 91, 186
時制素性（tense feature）　49, 56, 91, 106
自然言語（natural languages）　22
下の動詞句　94
指定部（specifier: SPEC）　42, 136
自動詞文　75, 86
支配（dominate）　32
姉妹（sister）　33
斜格素性（oblique Case feature: Obl）　60
集合論　161
集合論的括弧　161
重名詞句移動　183
受益者（Benefactive）　35
主格（nominative case）　59
主格素性（nominative Case feature: Nom）　60
種均一的（species-uniform）　21
縮約形　133
樹形図（tree diagram）　32
主語　46
主語コントロール構文　69
主語条件（Subject Condition）　120
主語と助動詞の倒置（Subject-Aux Inversion）　105, 110, 111, 123
樹状図　9, 32
主題役割（thematic role: θ-role）　35
述語（predicate）　34, 113
述語動詞　58
受動化　67, 88, 114
受動化変形　169
受動形態素 -en　63
受動形容詞　80, 188
受動文（passive sentence）　57, 62, 79
受動分詞（passive participle）　63
主文（main clause, matrix clause）　64
主要部（head）　39, 70, 136, 160

204　索　　引

主要部移動（head movement）　57, 72, 105, 109, 120
主要部移動制約（Head Movement Constraint）　108, 120
主要部先頭（head initial）　71
主要部パラメータ（Head Parameter）　71, 72
主要部末尾（head final）　71
順序対　177
純粋な機能範疇　97, 102
照応形（anaphor）　33, 44, 87, 118, 132
条件節的擬似命令文　128
照合（check）　50
生得的（innate）　21
省略　130
省略規則　130
女性（feminine: fem）　50
助動詞　46–48, 55, 56
進行形　57
深層　190
心内辞書　113, 186
推測　130
数素性（number feature）　49
数量子　89, 90
制御可能　142
生産性　165
生成文法（Generative Grammar）　19, 21
生成文法の研究課題　21
性素性（gender feature）　49
節（clause）　65
接辞　50, 54, 56, 106
節点（node）　32, 163
セルボ・クロアチア語（Serbo-Croatian）　127
線形順序　161
先行詞　33, 44, 118
潜在疑問文（concealed question）　112
潜在知識　20

線条的対応関係の公理　178
選択（select）　34, 52, 113
選択関係　52, 111, 113
前置詞（preposition）　60, 70
前置詞句　36, 38
潜伏感嘆文　155
全領域的抜き出し（across-the-board extraction）　84
相互代名詞　33
相助動詞　55, 58
側置詞（adposition）　70
素性　129
素性照合　153, 175
属格（genitive case）　59
属格決定詞　60
属格素性（genitive Case feature: Gen）　60
外側の指定部（outer Spec）　125
存在文　188

た　行

第一次言語資料（primary linguistic data: PLD）　21
対格（accusative case）　59, 134
対格素性（accusative Case feature: Acc）　60
体系内の余剰性　167
対象（Theme, Patient）　34, 35
対比　138
代名詞　28
代用表現　37
多義性　3, 11
多重枝分かれ構造　179
多重指定部（multiple specifiers）　125
多重主格構文　135
他動詞　60
他動詞文　75, 86
段階的の動詞句　152
段階的な形容詞　151
段階的副詞　152

短距離目的語転移（short-distance object shift） 103
単語レベルの分節化 4
単数（singular: sg） 50
男性（masculine: msc） 50
単文（simple sentence） 64
チェコ語 127
着点（Goal） 35
中間投射（intermediate projection） 41
抽象格（abstract Case） 59
抽象的主語 131
調音・知覚システム（articulatory-perceptual system） 24
長距離目的語転移（long-distance object shift） 103
直接疑問文（direct question） 110
直接構成素分析 162
直接支配（immediately dominate） 32
対の集合 179
強い素性（strong feature） 106
強い断定 155
定形節 65
程度詞 151
程度詞句 156
程度表現の付加詞 155
摘出領域条件（Condition on Extraction Domain） 120, 121, 189
デフォルト格 135
問い返し疑問文 157
ドイツ語 59
等位項 47, 51, 87
等位構造 84, 87
等位構造制約（Coordinate Structure Constraint） 83, 84
等位接続 51, 134
等位接続詞 47
同格の that 節 116
統語構造（syntactic structure） 32
統語的性質 26
統語的代入テスト 27
統語範疇（syntactic category） 25, 26, 30, 32, 46, 112, 113
動作主（Agent） 34, 35
動詞 55, 71, 91
動詞句（Verb Phrase: VP） 31, 37, 38, 46–48, 52
動詞句内主語仮説（VP-internal Subject Hypothesis） 81, 88, 188
動詞句副詞 92, 95
動詞的受動文（verbal passive） 62
投射（projection） 180
動詞類 162
倒置 134
特殊疑問文 109, 126
特定的な名詞句 150

な 行
内項（internal argument） 34, 63, 187
(動詞句)内主語仮説（Internal Subject Hypothesis） 81, 82
内心構造 47
内心性 39, 58, 163
内心的（endocentric） 39
内部構成要素 161
内部構造 10
2 項述語（two-place predicate） 35
2 項述語文 86
2 項性 39, 58
2 項的（binary） 40
2 項分岐（binary branching）構造 39, 47, 87
二重目的語構文（double object construction） 86
2 人称（second person: 2nd） 49
2 人称命令文 128
日本語 59, 71, 79, 126
人称素性（person feature） 49
認知能力 19
能格動詞（ergative verb） 76

能動文 (active sentence) 62

は 行
配列情報 163
拍 (モーラ) 2
パターン・プラクティス 7
発話行為 130
母 (mother) 33
パラダイム 7
パラメータ (parameter) 24, 25, 71, 73, 186
範疇 166
範疇選択 (categorial selection: c-selection) 114
非項位置 (A-bar position) 110
非対格仮説 (Unaccusative Hypothesis) 75, 76
非対格動詞 (unaccusative verb) 75–78, 187
非対称的 (asymmetric) 40
非対称的 c 統御の例 176
非段階的句 152
否定疑問文 108
否定辞 53, 71, 91, 92, 108
否定辞句 (Negative Phrase: NegP) 53
否定素性 (negative feature: Neg) 124
否定倒置型 146
否定文 53, 57, 91, 108
否定命令文 132
否定要素前置 (Negative Preposing) 123
非能格動詞 (unergative verb) 75, 77, 187
非末端節点 177
表意文字 2
標識つき括弧 (labeled bracket) 32
標準的構造具現 (canonical structural realization: CSR) 113
表層 190

品詞 (parts of speech) 27
付加 (adjunction) 58
付加疑問文 (tag question) 108, 131
付加構造 105
付加節 (tag) 108
付加部 (adjunct) 34, 36, 55, 63
付加部条件 (Adjunct Condition) 120
複合名詞句 122, 124
複合名詞句制約 (Complex NP Constraint) 116
副詞 53, 55, 72, 83, 91, 92, 95, 97
副詞節 55
複数 (plural: pl) 50
複文 (complex sentence) 64
不定詞節 56, 91, 111
不定詞節の to 28, 29, 58
普遍的 (universal) 21
部分解釈仮説 (Partial Interpretation Hypothesis) 101
普遍文法 (Universal Grammar: UG) 23
付与 (assign) 60, 63
プラトンの問題 (Plato's problem) 21, 23
フランス語 71, 72, 91, 98, 102, 106, 127
ブルガリア語 127
文 (sentence) 64
分節 (segment) 58
分節化 2
分布環境 14
文副詞 95
文法原理 185
文法範疇 (grammatical category) 26–27
文脈 130
分離屈折辞仮説 (Split Infl Hypothesis) 91, 188
分離動詞句仮説 (Split VP Hypothesis) 93, 94, 188

分離補文標識句仮説
　（Split CP Hypothesis）　126
併合（Merge）　39, 42, 186
平叙文　46, 128
ベルファスト英語（Belfast English）
　111
包含（inclusive）の1人称複数　144
法助動詞　29, 51, 58, 129
補部（complement）　39, 70
補文（complement clause）　28, 64,
　110, 119, 125
補文標識
　（complementizer: C / COMP）
　28, 105
補文標識句　52
本動詞　56, 58

ま　行

ミニマリスト・プログラム（minimalist
　program: MP）　24, 61, 64, 73
ミニマリズム　172
娘（daughter）　33
名詞化感嘆文　146
名詞句　37, 38
名詞類　162
命令・依頼表現　142
命令疑問文　128
命令文　128
メカニズム　181
目的格（objective Case）　60
目的語コントロール構文　70
目的語先行文　99
目的語転移（object shift）　94, 102
モジュール性　184

や　行

優位性条件（Superiority Condition）
　110, 120
遊離数量詞（floating quantifier）　82,
　188
幼児英語　81

　〜の疑問文　116
　〜の「動詞・主語」語順の発話　81
　〜の否定文　85
　〜の目的語先行文　99
様態副詞　13
与格構文（dative construction）　86
予測性　165

ら・わ　行

ラテン語　59
ラベル　166
離接的（disjunctive）接続　149
隣接　44, 50, 54, 55, 106
ルーマニア語　127
例外的格付与
　（Exceptional Case Marking: ECM）
　67
例外的格付与構文（ECM construc-
　tion）　66–70
連続循環的移動（successive cyclic
　movement）　117
6音素　1
論理形式（logical form: LF）部門
　93, 104
話題（topic）　123
話題化（Topicalization）　123
話題素性（topic feature: TOP）　124

A ～ Z

A位置（argument position: A-posi-
　tion）　63
A移動（A-movement）　63, 109, 121
Aバー移動（A-bar movement）　110,
　120, 122, 124, 189
AGR　91, 92, 102, 129
AGRo　93
AGRoP　93, 94
AGRs　93
AGRsP　93, 94
be　55, 58
be動詞　57, 62, 107

by 句　63
c 統御（c-command）　33, 44, 87, 118, 130
c 統御条件　44, 118
Case　59
Chomsky, Noam　21
CP　95, 105
do 挿入（do insertion）　54
EPP 素性（EPP-feature）　64, 119
EXCL　146
For to 不定詞節（for-to infinitive）　66, 67
have　55, 58
I 言語（I-language）　19, 23
I′　51
IMP　129
individual（個人的な）　20
intensional（内包的な）　20
internalized（内在化された）　20
IP　49, 52
IP 指定部　135
N バー　40
N′　40
N̄　40
NegP　55, 91
of 挿入（of insertion）　61
Polarity Phrase（PolP）　97, 126
PP　95
PRO　69, 103

[Q]素性　108, 110, 111
[Rel]素性　122
S　31, 46
T　91, 92
TENSE　129
there 構文（*there* construction）　77
vP　94
VP　94
VP シェル（VP-shell）　86, 88
VP シェル分析　188
VP 等位構造　188
wanna 縮約　44
Wh 疑問文（wh-question）　109
Wh 型　146
Wh 島　122, 124
Wh 島の条件（Wh-island Condition）　115
Wh 素性　109, 111
X　41
X バー理論　173
X′　41
XP　41
Yes-No 疑問文（Yes-No Question）　105
θ 基準（θ-criterion）　36, 69, 186
θ 役割　63
Σ　55
ΣP　55
φ 素性（φ-feature）　49

〈著者紹介〉

原口庄輔(はらぐち　しょうすけ)　1943年生まれ．明海大学外国語学部教授．
中島平三(なかじま　へいぞう)　1946年生まれ．学習院大学文学部教授．
中村　捷(なかむら　まさる)　1945年生まれ．東北大学文学部教授．
河上誓作(かわかみ　せいさく)　1940年生まれ．神戸女子大学教授．
立石浩一(たていし　こういち)　1960年東京都生まれ．国際基督教大学教養学部語学科卒業．マサチューセッツ大学言語学科博士課程修了 (Ph.D.)．現在，神戸女学院大学文学部教授．著書：*The Syntax of Subjects* (CSLI/くろしお出版，1995)．論文：「インターフェース論はあり得るのか？」『音声研究』(日本音声学会) 第3巻第1号，など．
小泉政利(こいずみ　まさとし)　1964年生まれ．マサチューセッツ工科大学言語学・哲学科博士課程修了 (Ph.D.)．現在，東北大学大学院文学研究科助教授．著書：*Phrase Structure in Minimalist Syntax* (Hituzi Syobo, 1999), 論文："Invisible AGR in Japanese" (*Linguistic Review* 15, 1998), "String Vacuous Overt Verb Raising" (*Journal of East Asian Linguistics* 9, 2000) など．

英語学モノグラフシリーズ 3

文の構造

2001年7月10日　初版発行　　2019年5月31日　第4刷発行

編　者	原口庄輔・中島平三
	中村　捷・河上誓作
著　者	立石浩一・小泉政利
発行者	吉田　尚志
印刷所	研究社印刷株式会社

KENKYUSHA
〈検印省略〉

発行所　株式会社　研究社
http://www.kenkyusha.co.jp

〒102-8152
東京都千代田区富士見 2-11-3
電話　(編集) 03(3288)7711(代)
　　　(販売) 03(3288)7777(代)
振替　00150-9-26710

ISBN 978-4-327-25703-3　C3380　　Printed in Japan